GASTON LEROUX

L'AGONIE
DE LA
RUSSIE BLANCHE

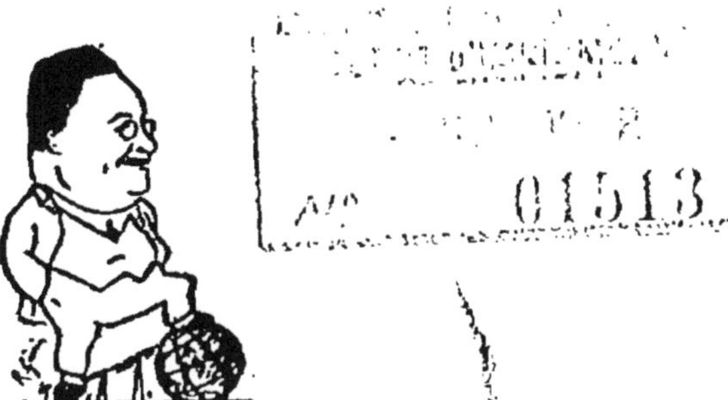

ÉDITÉ PAR Mme G. LEROUX

DÉPÔT Gᵉˡ: MESSAGERIES HACHETTE

L'Agonie de la Russie Blanche

GASTON LEROUX

L'AGONIE
DE LA
RUSSIE BLANCHE

ÉDITÉ PAR Mᵐᵉ G. LEROUX

DÉPÔT Gᵗ: MESSAGERIES HACHETTE

Comme je t'ai aimé,
ô mon métier!

Gaston Leroux.

TABLE DES MATIÈRES

TU VOIS CETTE ALLUMETTE,
C'EST L'EMPEREUR...

Il neige. Quelle désolation uniforme et blanche, quel linceul! Rapide, dans les vastes espaces de silence, notre traîneau glisse sur la route déserte, entre les bras morts des sapins. La campagne, sur son drap immaculé, est triste comme une cérémonie funèbre. De petites isbas glacées, pas plus grandes que des tombeaux, jalonnent le chemin, et il n'y a de vivant, dans le paysage, que notre course, que ce cheval au poitrail fumant.

Mais il y a quelque chose de plus mort encore que la mort : c'est cette petite ville de Tsarskoié-Sélo que nous abordons, avec ses rues où ne passe personne, avec ses maisons aux fenêtres impénétrables, aux vitres glauques, aveuglées de givre, plus fermées sur le regard que des paupières closes. Comme on comprend certaines pages de Gogol, comme on *voit* les *Ames mortes!* et comme il apparaît bien que, derrière ces murs, commence un monde que nous ne connaissons pas... Ce peuple ne parle, ni ne crie, ni ne pleure.

On nous raconte bien que, dans des lointains déserts, il s'est réveillé loup et qu'il hurle; mais au fond de quels steppes? Combien de jours et de nuits notre traîneau devrait-il courir sur la terre glacée pour assister au miracle de sa colère? Moi, je ne connais que le peuple de cette province, celui qui s'est fait tuer, le 9 janvier, *en silence,* sans une révolte, sans une protestation, sans un geste...

Notre traîneau passe maintenant devant le grand palais blanc abandonné... On dirait une architecture des neiges, il est fait de glace et de froid, précieux bijou d'hiver... Par quel sortilège nous trouvons-nous subitement transportés en Chine? Quelle fantaisie inconcevable d'un souverain défunt a créé dans cette solitude ce coin de Mandchourie?... Oui, nous avons ici un village mandchou, le seul village mandchou peut-être intact à cette heure.. Hélas! que voilà une sinistre précaution;

cet impérial architecte prévoyait-il donc que c'est là tout ce qui resterait un jour de la Mandchourie russe?

... Comme la neige est lugubre, cette année; il semble qu'elle a enseveli quelque chose, quelque chose qu'on ne retrouvera plus quand elle fondra, ce printemps, sous le soleil tout neuf que nous envoie l'Orient...

Une grille, un soldat, l'arme sur l'épaule, baïonnette au canon... une autre grille, un autre soldat, une autre baïonnette... un parc avec des murs autour, et, autour des murs, des soldats. Quel qu'il soit, ce prisonnier que l'on garde ainsi ne saurait s'échapper. Oui, le captif auguste de ce petit palais, au milieu de ce petit parc, c'est l'empereur. On le dit résigné; il n'essaie point de fuir. On ne l'a pas vu depuis longtemps, emporté sur quelque route libre par des chevaux rapides, loin de cette prison où chacun, âprement, le surveille : sa famille, ses serviteurs, sa police... Il ne s'efforce point de rompre son destin, il reste.

Et je vais vous dire sa vie.

Il se lève à sept heures; petit déjeuner anglais, *tea and toasts*. A huit heures, il se met au travail jusqu'à dix. De dix à onze, promenade dans le préau; pardon, dans une allée du parc. De onze heures à une heure, réception. A une heure, déjeuner, jusqu'à deux heures et demie, ainsi prolongé parce qu'il faut y ajouter la joie d'être en famille. L'empereur peut parler librement à sa femme, à ses enfants, quand ils sont seuls, ce qui arrive quelquefois. Les domestiques ne comprennent rien à ce qui se dit; on parle devant eux anglais ou allemand. Quelques détails : l'empereur aime beaucoup la soupe; il en prend à chaque repas. Il ne fume jamais le cigare, mais des cigarettes, cadeau du sultan; il ne boit qu'une seule liqueur : le marasquin. A deux heures et demie, il va prendre un peu l'air, dans son parc, toujours. Après, il se remet au travail jusqu'à huit heures. Il faut signer, signer, signer, lire, lire, lire des rapports. Et c'est le travail sans commencement et sans fin; des rapports s'en vont, d'autres arrivent. A huit heures, dîner, et puis encore des signatures, le travail jusqu'à onze heures... A onze heures, il s'endort, au bruit rythmé du pas des gardes sur le chemin de ronde...

N'approchez pas... Avant même que vous ayez eu l'intention de vous approcher, on vient... On a deviné que vous alliez peut-être vous approcher... Que faites-vous ici? Qui êtes-vous? Que voulez-vous?...

Le captif impérial se promenait dans le parc, il y a quelques semaines, quand un homme se précipita vers lui et tomba à ses genoux, lui barrant la route; cet homme était un employé des jardins, un pauvre balayeur, dont le dessein n'était point de délivrer l'empereur, mais qui avait une grâce à lui demander. Il n'avait pas encore ouvert la bouche que déjà il était appréhendé, bousculé, relevé, disparu... Jamais l'empereur ne sut ce que cet homme lui voulait; je vais vous le dire. Le balayeur du tsar, que la police croyait bien connaître, puisqu'il était employé au palais depuis deux ans, était un forçat échappé du bagne, et il demandait sans doute qu'on ne l'y renvoyât point. Sa prière a été exaucée, mais qui pourrait dire où il est, maintenant? il n'est peut-être plus nulle part...

... L'empereur est triste et sombre; depuis le 9 janvier, depuis qu'*on lui a massacré son peuple,* il est habité par un ennui terrible, fait des remords... des autres... C'est dans ce petit palais qu'il a passé la journée fatale, c'est là qu'est venue le rejoindre l'impératrice mère, fuyant Pétersbourg dans une voiture de louage... C'est là que ne vient plus Pobiedonostzeff, parce que Pobiedonostzeff ne vient plus nulle part; c'est là que vient encore le grand-duc Vladimir, lequel, mélancoliquement, gratte son eczéma, en repoussant toute la responsabilité du 9. Qui donc a la responsabilité du 9?

Hélas! ce jour-là, l'empereur fut sur le point d'aller à Pétersbourg, et rien ne serait arrivé, mais il n'y alla pas; comme il fut sur le point d'aller à la guerre, mais il n'y alla pas; comme il est toujours sur le point de faire tout ce qu'il ne fait jamais. Ne pas donner d'ordre, c'est une responsabilité plus grande que d'en donner, ne pas vouloir est plus décisif que vouloir, ne pas savoir, plus terrible que savoir.

A son arrivée à Tsarkoïé-Selo, le général Stœssel tombait aux genoux de l'empereur, et lui criait : « Pardon! *Batouchka* (petit-père), c'est ma faute! » Et le petit-père le relevait, l'embrassait : « Non, Stœssel, c'est la mienne! »

Pauvre empereur!... Et maintenant on va lui donner une Constitution.

Notre traîneau nous dépose à la gare de Tsarkoïé-Selo. Dans la salle d'attente vide, deux moujicks s'amusent sur un banc avec des allumettes. Nous approchons et nous comprenons qu'à l'aide de ces allumettes le premier moujick explique au second ce que c'est qu'une Constitution.

— Tu vois cette allumette, c'est l'empereur; tu vois cette autre allumette, c'est l'impératrice; tu vois celle-ci, c'est le tsarevitch, et celle-là le grand-duc Paul, et celles-là les autres grands ducs; voilà maintenant les ministres et

les bureaucrates, et les généraux, et les métro-
polites...

Toute la boîte d'allumettes y passe. Sur le
banc, chaque allumette est rangée à sa place,
comme il convient dans un empire où l'étiquette n'a pas perdu ses droits.

— Eh bien! veux-tu savoir ce que c'est que
la Constitution? Voilà! voilà ce que c'est que
la Constitution!...

Et le premier moujick, en un tour de main,
mêle toutes les allumettes.

Le second moujick ne comprend pas.

— Cherche l'empereur, maintenant!

Cette fois, il a compris.

Avril 1905

LA BARBE

— Quand Monsieur Jules fait la barbe de l'empereur, me dit l'humble figaro auquel je viens de confier ma tête, il ne manque jamais de frictionner Sa Majesté au « portugal ». Préféreriez-vous la violette?

— Portugal, François, portugal, à l'instar... Et « tous les combien » Monsieur Jules fait-il la barbe de l'empereur?

— Tous les quinze jours. L'empereur lui donne dix roubles.

— Mâtin! Ça fait vingt roubles par mois.

— Oh! il y a les frais. Car c'est Monsieur Jules qui va chez Sa Majesté.

— Je pense bien, François, je pense bien que ce n'est pas Sa Majesté qui...

— Evidemment! Monsieur Jules va aussi chez les grands-ducs. Les grands-ducs, c'est cinq roubles... A la tondeuse, sur les joues?...

— A la tondeuse... Dites donc, François, quel est ce monsieur qui vient d'entrer, et qui mène un si beau tapage?

— Ah! ah! c'est M. K... Comment! vous ne connaissez pas M. K...? C'est un garçon plein de gaieté. Dernièrement il a soûlé les chevaux de l'empereur...

— Eh! François! que me racontez-vous là? Les chevaux de l'empereur se soûlent!

— Comme j'ai l'honneur... M. K... se reposait depuis deux jours dans un restaurant des Iles avec des femmes et du champagne... Un escadron des cosaques de l'empereur passe. M. K... hèle le commandant et lui propose de boire un verre de champagne à la santé de Sa Majesté. Ça ne se refuse pas. M. K..., là-dessus, invite les autres officiers; ils mettent pied à terre et vont rejoindre leur chef. Les cosaques, à leur tour, descendent de leur monture; on leur apporte du vodki dans des demis. Enfin, pour que tout le monde soit de la fête, on apporte également ment du vodki aux bêtes. Toutefois, comme on en avait versé dans des « demis » pour les soldats, on en remplit des seaux pour les chevaux. De telle sorte, monsieur, que les chevaux, qui ont moins l'habitude, avaient perdu toute tenue quand l'escadron se remit en marche. Ils gambadaient comme des fous et, le lendemain, refusèrent tout service, sous prétexte qu'ils avaient la tête en bois.

— Qui ça? Les chevaux?...

— On le dit... Qu'en pense monsieur?

— Voyez-vous, mon ami, moi, je suis un homme de l'ancien temps. Je trouve que la guerre, le bon vin et l'amour vont très bien ensemble.

— Aussi, monsieur, les Russes n'ont jamais été aussi amoureux que pendant cette guerre; jamais on n'a vu d'aussi brillants et extraordinaires mariages.

— Oh! racontez-moi cela...

— Après le champoing, monsieur. Monsieur veut-il se lever?... Baissez la tête! Encore... encore... Ah! monsieur en avait besoin!...

« Monsieur se rappelle que le général Sakharoff, frère du général ministre de la Guerre, fut, dès le début des hostilités...

— Comme vous vous exprimez bien, François.

— Je prierai poliment monsieur de se taire, ou je lui brûle la moustache. Le général Sakharoff fut donc nommé chef de l'état-major général. En même temps que lui, partait pour la Mandchourie un colonel qui allait rejoindre son régiment avec sa femme. Pour la circonstance, celle-ci s'était faite infirmière. Elle était fort jolie, et le général Sakharoff s'en éprit dès qu'il l'eut aperçue. De même, le général Kouropatkine, qui passa par là, ne put la voir sans en tomber amoureux.

— Ah! vraiment, Kouropatkine aussi...

— On voit bien que monsieur est journaliste. Votre métier serait-il d'ignorer ce que tout le monde sait?

— François, vous venez de dire là quelque chose de bien beau.

— Je relève en croc, n'est-ce pas?... De ce jour, Kouropatkine et Sakharoff furent rivaux...

— Et le colonel, que faisait-il, pendant ce temps-là?

— On l'envoya se faire battre. Sa femme profita de ce qu'il était si fort occupé pour divorcer. Le général Sakharoff divorça lui aussi.

Ils en profitèrent pour aliéner immédiatement cette liberté au bénéfice l'un de l'autre, et Kouropatkine n'eut plus rien de mieux à faire que de s'occuper des Japonais... La raie à gauche?

— Non, François. Ainsi, Sakharoff et la femme du colonel se marièrent; mais où?

— Eh bien! à Moukden!... *Pendant la bataille...* La raie à droite, n'est-ce pas?

— Non, François... Et Mme Sakharoff, qu'est-ce qu'elle dit, Mme Sakharoff?

— Elle a appris, un beau jour, par une signification du jugement rendu au nom de l'empereur, qu'elle était divorcée, ce qui l'a fort chagrinée... Monsieur porte la raie au milieu?

— Non, François. Et c'est de l'histoire, tout cela?...

— C'est de l'histoire publique. On ne cache point le divorce d'un chef d'état-major; on ne cache point son mariage, et vous savez bien que le général Sakharoff a été relevé de ses fonctions et rappelé en Russie, en quoi on a eu tort, monsieur, car, comme monsieur dit, on fait très bien à la fois la guerre et l'amour... Je ferai seulement remarquer que si monsieur ne porte la raie ni à gauche, ni à droite, ni au milieu...

— C'est qu'il n'en porte pas du tout. Un aimable désordre, François... Là, c'est parfait...

— Monsieur n'a pas de nouvelles de Mandchourie? On dit que le combat recommence et que, cette fois, on ne reculera plus.

— On le dit. Pourquoi souriez-vous, François?

— Moi, monsieur, je n'ai pas souri.

— Si, si; je vous ai vu dans la glace.

— Eh bien! puisqu'il le faut absolument, je vais dire à monsieur pourquoi j'ai souri. C'est qu'à propos du fameux plan de Kouropatkine, qui consistait à reculer toujours, on m'a fait lire, il y a quelques jours, une bien belle lettre. C'était celle d'un soldat de Liao-Yang à ses parents. Il leur disait : « *Slava Bogou!* Dieu soit loué! Nous reculons toujours! Pour les fêtes de Pâques, nous serons rentrés à la maison... »

— Monieur, regardez un peu, sans en avoir l'air, à votre gauche. Vous ne connaissez pas le personnage qui vient de prendre place?... C'est l'armurier de l'empereur qui fournit d'armes et de cartouches l'empereur et les grands-ducs. Il faut des plombs spéciaux pour chacun de ces grands personnages, de telle sorte que l'on sait toujours à qui revient le mérite d'avoir abattu la pièce. Il n'y a pas d'erreur. Ainsi, tel grand-duc a les plombs couleur de cuivre jaune, tel autre...

— Et l'empereur, François, comment a-t-il les plombs?

— L'empereur?... Vaporisateur?... L'empereur?... Fermez les yeux... L'empereur, monsieur, a les plombs nickelés.

Avril 1905

DEMAIN ?...

Où allons-nous? Que sera « demain »? Ceux-là qui ont pour devoir de le préparer n'osent pas, ne veulent pas regarder de ce côté-là.

Dans l'incohérence administrative créée par toute une série d'ukases, de trikases, de décrets, de manifestes et d'ordonnances, tous se bataillant, se contredisant, se détruisant, il faut réserver un coin spécial à l'étrange situation faite à l'Eglise orthodoxe. Sera-t-elle chair ou poisson? Le Saint-Synode, jugé impuissant et néfaste, a été un instant supprimé pour faire place au patriarcat. Et voilà maintenant que l'empereur, ayant réfléchi, ne veut plus de patriarche. Donc, plus d'assemblée d'évêques.

On désignait déjà le patriarche. Ce devait être à coup sûr Antonius, métropolite de Saint-Pétersbourg. Comme on le disait d'une belle intelligence, nourrissant des idées larges et ne

se gênant point pour dire tout haut ce qu'il pensait, je résolus de rendre visite à ce saint
homme.

Je me rendis à son évêché, où, après avoir
traversé un cimetière qui en est, en quelque
sorte, le vestibule, je fus introduit dans de
somptueux appartements. Un groupe de femmes du peuple attendaient. Elles eurent cha-
cune leur audience particulière et en sortirent
des larmes dans les yeux, une prière sur les
lèvres. Vinrent mon tour et celui de mon inter-
prète. Le pape russe s'avança au-devant de moi
et me serra la main avec effusion. C'est un fort
bel homme; il a les plus beaux yeux du monde
et une croix en diamant sur son bonnet qui représente à elle seule une petite fortune. Il me
demanda ce que je lui voulais. Je lui dis que
j'étais fort curieux de savoir ce qu'il pensait
des événements actuels en général et particulièrement de ceux qui intéressaient son Eglise.
Il me répondit qu'*il souhaitait que l'on prît
telle décision qui ferait le bonheur de l'Eglise.*
Je ne m'en tins pas là et je lui demandai ce
qu'il pensait des réformes civiles réclamées par

la partie intelligente du peuple russe. Il me répondit qu'*il souhaitait que l'on prît telle décision qui ferait le bonheur du peuple russe.*

Je ne me déclarai point satisfait et je lui demandai ce qu'il pensait de la nécessité où l'on était, si on avait le désir de prévenir de nouvelles catastrophes, de mettre fin à cette guerre qui avait déjà trop troublé le monde. Il me répondit qu'*il souhaitait que l'on prît telle décision qui ferait le bonheur du monde.*

Après quoi, nous nous quittâmes, très bons amis.

Il est probable qu'un retour vers le passé, vers le passé de l'histoire, a fait hésiter le tsar, dans le moment qu'il se préparait à ressusciter le patriarche que Pierre le Grand avait mis au tombeau. Un patriarche peut être utile; il peut aussi être dangereux, surtout à la tête de ce peuple fanatique. Pierre avait eu ses raisons pour le supprimer, et c'est bien de l'audace à un de ses successeurs que de réformer l'œuvre du Grand Réformateur.

Dans l'Etat, le clergé tenait alors une place énorme. Ses biens étaient immenses. Les monastères possédaient jusqu'à neuf cent mille serfs. Le seul couvent de Saint-Serge, près de Moscou, en comptait quatre-vingt-douze mille lui appartenant.

Du reste, nulle vertu ne correspondait à une situation matériellement si élevée. Tout le clergé, du haut en bas, était d'une ignorance prodigieuse et de mœurs fort dissolues. Les couvents abritaient une population flottante d'hommes et de femmes, dont la plupart n'avaient jamais songé à prononcer des vœux. Faux moines et fausses nonnes, que les hasards d'une vie aventureuse, le désir de se sous-traire à des devoirs pénibles, ou simplement l'attrait d'une plantureuse oisiveté, avaient engagés à revêtir le froc, se promenaient d'un monastère à l'autre, battant entre temps les villes et les campagnes, donnant partout le scandale de tous les dérèglements. C'est alors que parut le *Règlement* élaboré par Pierre et préparant la grande réforme. Ce *Règlement*, fort curieux, est un véritable pamphlet. Le prétre, selon le vœu de Pierre, ne doit pas être un mystique ni un exalté ; il lui est défendu d'avoir des « visions » et de desservir des chapelles *entretenues par les veuves.*

Non content de supprimer le patriarcat, Pierre semble avoir voulu l'enterrer à jamais en en créant un faux, qui sera la risée de son règne. Il coiffe le patriarche d'un bonnet d'arlequin. « Le faux patriarche, appelé *Kues Papa,* raconte Campredon, est un ivrogne de profession que le tsar a choisi lui-même pour tourner en ridicule le vrai. »

Ayant créé ce pontife, Pierre lui adjoignit des cardinaux, un conclave, un *concile des ivrognes,* institution officielle, aux statuts de laquelle il travaillait encore la veille de la bataille de Poltava ! Les élus devaient d'abord se rendre à la maison du *Kues Papa,* appelée *Vaticanum,* où quatre bègues, leur servant de truchements, présentaient leurs hommages au pape. Puis on les revêtait de la robe rouge. Ainsi accoutrés, ils pénétraient dans la salle du *consistoire* dont tout le mobilier se composait de futailles rangées autour des murs. Le tsar assistait à l'orgie et veillait à ce qu'aucun des rites ne fût négligé. Des conclavistes attachés à chacun des cardinaux avaient pour mission de les faire boire, de les exciter aux plus folles extravagances, aux facéties les plus ordurières.

Nicolas II, en fin de compte, s'est peut-être souvenu du *Kues Papa*...

Pas d'assemblée d'évêques pour remplacer l'assemblée nationale, toujours absente et toujours réclamée, il fallait bien trouver quelque chose. C'est alors que l'empereur décréta l'assemblée de la réunion des maréchaux de la noblesse et des présidents des zemstvos, à Moscou. C'était toujours là, une réunion d'hommes publics où l'on allait, enfin, discuter les intérêts de la nation. Son président devait être Chipoff. Déjà, les partis se formaient. Déjà, on se disputait. On allait peut-être se battre, quand le ministre de l'intérieur, qui est un homme prudent, annonça que cette assemblée n'aurait pas plus de réalité que les autres. Plus d'assemblée de maréchaux de la noblesse et de zemstvos, plus rien, que la promesse, déjà lointaine, du tsar, d'une assemblée nationale à laquelle personne ne croit plus.

En attendant l'heure des réformes si solennellement et si souvent promises, le tsar a commencé par réformer le grand-duc Alexis. Il s'en va, et, mon Dieu, il se souhaiterait à lui-même bon voyage, s'il lui était possible d'aller faire un petit tour en France. Hélas! en ce moment, il n'y a de moralement possible pour un grand-duc qu'un petit tour en Mandchourie. Et ils n'ont pas l'air d'y tenir...

Tout de même, la vie n'est vraiment pas folâtre pour la famille impériale.

Le grand-duc Constantin Constantinovitch, qui est un poète, regrette le temps où il publiait des poésies lyriques et faisait jouer un *Hamlet* à l'Ermitage. André Vladimirovitch prépare la thèse qui lui permettra de mettre sur ses cartes de visite : Jurisconsulte militaire. Pierre Nicolaïevitch continue à être un des principaux actionnaires des aciéries Steehl; Georges Michaïlovitch, numismate, publie des catalogues; Alexandre Michaïlovitch écrit des livres sur la marine... d'hier. Le prince d'Oldenbourg fait valoir ses propriétés de Gagni, cependant que sa femme fabrique des bonbons à Ramon. La grande-duchesse Olga, sœur du tsar, fait de l'aquarelle. Le grand-duc Michel, frère de l'empereur, joue avec son petit chemin de fer dans le parc de Gatchina...

La distraction la plus *selected,* à Pétersbourg, c'est le samedi du théâtre Michel. Mais c'est une distraction d'hier. Il faut l'avouer, malgré l'insouciance, en dépit de la force d'inertie, les samedis du Michel ne sont plus ce qu'ils furent autrefois! D'abord l'empereur n'y vient plus, et j'y ai vu le dernier grand-duc qui s'y soit encore risqué au fond d'une loge.

L'empereur était un bon spectateur, ce que nous appelons « bon public », attentif, riant, ou s'apitoyant.

Les grands-ducs, eux, au théâtre, sont sceptiques. Ainsi, le grand-duc Alexis, sur le rebord de la loge qui touche la scène, disposait, tout au long du spectacle, de petites cocottes en papier, qu'il fabriquait avec le programme. Un intelligent coup d'éventail venu de la scène faisait tomber les cocottes; et le grand-duc redemandait un programme, et le programe redevenait cocottes... La salle ne s'ennuyait pas, au milieu du drame le plus sombre...

Quelque temps avant la déclaration de guerre, l'empereur s'en fut au théâtre Marie, où l'on jouait *Sada-Yacco*. Dans le moment que l'on s'ouvrait le ventre sur la scène, Nicolas II se leva et dit : « Ces Japonais ne sont guère plaisants, *retournons en France.* » Et, dans la même soirée, il se faisait conduire au Michel, où l'on donnait la *Tosca*. Après le hara-kiri, les histoires de Scarpia et toute la pièce de Sardou lui parurent une aimable bergerie, qu'il applaudit beaucoup.

Le jour de la déclaration de guerre, l'empereur était au théâtre Michel. Je veux dire que, le jour où l'empereur sut que les Japonais lui faisaient la guerre, Nicolas II se trouvait dans sa loge, en face de Suzanne Munte, dans le *Retour de Jérusalem,* où elle déployait, en l'honneur de Sa Majesté, toutes les ressources de son talent. Dans le moment que se faisait entendre la grande tirade *contre la guerre,* tirade que la salle entière, frémissante, applaudit avec intention, on apporta une dépêche au tsar, lui annonçant l'attaque soudaine des torpilleurs et la surprise de Port-Arthur. Il se leva ; il n'est pas revenu au Michel depuis.

L'ESCADRE INVISIBLE

Il est probable que la flotte, la mystérieuse flotte de l'amiral Rodjestvensky, partira prochainement. Je dis bien « il est probable », car il y a des chances pour qu'elle reste...

En désespoir d'information certaine, je vous dis : « Quand elle partira, vous la verrez passer. » En cela, vous aurez plus de chance que moi, qui n'ai jamais pu la voir. Mes autres confrères non plus, du reste, ce qui ne les a pas empêchés de vous la décrire...

Tout de même, j'aurais bien voulu la tou-

cher. J'allai donc trouver l'amiral Rodjestvensky, qui me dit que je n'avais qu'à prendre
le bateau pour Cronstadt et à me présenter au
cercle des officiers de son port. Le lendemain,
j'étais au cercle des officiers, et je fus reçu par
le prince Tseretelly. Il m'attendait.

« — L'amiral, me dit le prince, m'a prévenu
de votre arrivée. Que désirez-vous prendre?

« — Une tasse de thé, prince, une simple
tasse de thé. »

M'ayant présenté à quelques-uns de ses col-
lègues, le prince me pria de m'asseoir à son
côté, et la théière fut apportée. Je remarquai
bien que le liquide qui s'en échappait était
étrangement mousseux, mais je ne compris
vraiment que ce thé était du champagne que
lorsque mes lèvres prudentes, bien qu'expéri-
mentées, eurent reconnu le vin de ma patrie. Je
ne fis aucune observation.

La conversation du prince était charmante,
tout à fait parisienne, bien qu'il me parlât surtout du Caucase, son pays d'origine, qu'il aime
beaucoup. Au bout d'une heure, je m'aperçus
que nous nous étions fort avancés au cœur des

montagnes. D'étape en étape, je veux dire de théière en théière, nous avions gravi les sentiers les plus abrupts, escaladé les monts les plus superbes, tantôt à pied, tantôt à cheval; il se laissa cependant tellement emballer que je vis qu'il nous serait impossible, de longtemps, de quitter le Caucase pour revenir à Cronstadt. On ne saurait imaginer combien un marin déteste parler de la flotte à laquelle il a l'honneur d'appartenir. Si, dans les sentiers si pittoresques qui conduisent à Tiflis, je rappelais au prince qu'il y avait un amiral Rodjestvensky et une escadre que j'eusse désiré connaître, il me répliquait qu'il y avait plus de deux cents dialectes au Caucase, et qu'il les parlait tous. Sur quoi il commença de me dire les choses les plus curieuses et les plus inintelligibles du monde, dans chacun de ces dialectes.

Nous en étions au dixième dialecte et à la quinzième théière (ce qui faisait à peu près deux théières par personne, mais il est étrange de voir de quelle sorte merveilleuse une théière, dans laquelle il y a du champagne, se vide), quand on vint m'avertir que l'heure du bateau pour Pétersbourg avait sonné.

Je n'ai donc pas vu la flotte, mais je me suis bien vengé du prince.

L'ayant invité pour le lendemain, à Pétersbourg, à une modeste collation, je ne lui fis servir qu'une bouteille de champagne, et il y avait du thé dedans.

Mai 1905

L'ESPOIR RUSSE EST NÉ...

Je vais vous mettre à même d'apprécier avec quelle liberté on commence d'écrire ici. Je détache les passages suivants du feuilleton d'un journal de haute tenue et de respectable fidélité aux institutions, le *Novoie Wremya*. Ce feuilleton est signé du nom d'un écrivain de grand talent, M. Menchikoff. Tous les dimanches, M. Menchikoff écrit dans le *Novoie Wremya* une lettre aux lecteurs qui est fort appréciée. Il s'agit d'un dialogue entre amis, Mark Petrovitch et Todt, qui ne se sont pas vus depuis longtemps :

« — Je ne sors plus pendant le jour...

— Et pourquoi cela?

— Comment te le dire? Crois-moi si tu veux, je passe des moments fort désagréables. J'ai honte! Oui, j'ai honte de moi, des autres, de tous. Il est honteux de sortir dans la rue, honteux de rester à la maison, honteux d'exister!

— Mais qu'est-il arrivé?

— Comment! qu'est-il arrivé!

Une masse énorme est dans la misère, sans toit. Les famines deviennent chroniques

Le peuple, arraché du sol natal et du toit familial, vagabonde sur la surface énorme de toute la Russie. Avec l'habitude du vagabondage, il perd l'habitude de travailler, il perd son temps et devient un va-nu-pieds.

N'est-ce point un pas en arrière, cela?

Mark Petrovitch se tut.

— Et que faut-il à la Russie, selon toi?

— Pourquoi ruses-tu? Selon moi, aussi bien que selon toi, la Russie a besoin, et cela par un instinct de toute nature qui le lui dit, par la profonde persuasion que nous en avons tous, ELLE A BESOIN D'UNE NOUVELLE VIE! Tu me comprends, car tu le penses aussi bien que moi, qu'il faut un renouveau à la Russie, qu'il lui faut la liberté, sinon, elle mourra!

— Tu veux dire qu'elle a besoin de nouvelles réformes?

— Non, pas des réformes, mais une réforme totale, quelque chose comme la réformation en

Europe, non point quelques petits mouvements, mais UN CHANGEMENT UNIVERSEL ET ENTIER, JUS-QU'A LA RACINE !

Nous savions ce qu'il fallait à la Russie, mais nous ne sommes arrivés à rien. Nous étions appelés à réveiller le peuple, au lieu de cela, chacun de notre côté, nous l'avons endormi. Ni énergie, ni clarté, ni renouveau ! Nous n'avons rien donné à ce peuple qui agonise dans la grossièreté et l'ignorance.

Nous assistons, impassibles, au spectacle de ce peuple qui se débat comme un poisson pris dans un filet. Nous avons tout inscrit, tout remarqué, tout observé : la faim, le manque de terre, la mendicité, les épidémies, l'émigration et l'obscurité complète; enfin, l'arrivée de l'ennemi, que nous n'avons même pas la force d'arrêter.

Pour tout cela, nous sommes maudits — nous devions monter la garde et nous nous sommes endormis. Tu t'étonnes que j'éprouve une honte atroce, et moi, il me semble parfois que je deviens fou ! Une voix mystérieuse et sévère, sortant d'un peuple entier, me crie à l'oreille : « Traître ! » Et voilà pourquoi j'ai honte.

Je pense que vous aussi, vous vous sentez honteux !...

Un silence se fit.

— Il fait humide, fit Todt, revenons à la maison ! »

Je me garderais bien de faire suivre d'une appréciation quelconque ces passages du feuilleton de M. Menchikoff.

Qu'un feuilleton de cette envergure philosophique et d'une telle portée critique ait pu passer sans inconvénient dans un journal modéré ; que la pensée écrite puisse ainsi se manifester sans avoir à redouter des entraves séculaires ou des châtiments historiques ; que les uns puissent réclamer des libertés municipales et les autres des écoles, de telle sorte qu'il ne soit plus permis de dire, du peuple russe des campagnes, ce que Dostoïevsky écrivait dans ses *Souvenirs de la maison des morts :* « Que, pour trouver des gens qui savent lire, il faut aller au bagne »... tout cela, oui, tout cela prouve qu'il y a du nouveau aux rives de la Néva et que nous allons assister à des réformes que l'on ne prévoyait point avant le désastre de Liao-Yang.

En quoi, nulle souffrance ne se perd et il faut attendre le fruit de la douleur. N'en avons-nous point fait la splendide expérience? Et, de nos désastres, à nous, n'est-il point sorti une France nouvelle? Pour la Russie, aussi, une nouvelle vie monte, comme une aurore derrière la forteresse de Pierre-et-Paul, et dore l'horizon ensanglanté. Le canon d'allégresse n'a point retenti; les églises n'ont point mis en branle leurs cloches innombrables; mais les cœurs, *tous les cœurs qui pensent* ont carillonné. L'ESPOIR RUSSE EST NÉ!

Mai 1905.

LA TROÏTSA

Avec les moujiks, je suis allé prier au Couvent de la Troïtsa sur les reliques de saint Serge... Cette heure m'a fait comprendre ce mot : la prière. J'ai connu l'adoration, la mystérieuse et miraculeuse et fanatique adoration du peuple russe.

Armée formidable de pauvres, armée reconnaissante à ses maîtres qui lui ont bâti des temples merveilleux où s'entassent de fabuleuses richesses, le peuple prie, dès l'aurore. Il vient chercher là, l'espérance première. Les images saintes la lui ont donnée, au pied desquelles il s'est prosterné avec passion, il s'est signé avec force. Cette espérance le fait doux... et patient. Pour qu'il n'oublie jamais qu'il a tout à attendre d'en haut, s'il souffre en bas, on a encombré le chemin de sa vie d'images, de cierges, de croix et d'autels. Il les rencontre à chaque pas. Sa besogne quotidienne est sanctifiée. Il interrompt son travail pour se signer. Les bâtiments les plus vulgaires ont leur chapelle. On prend son ticket de chemin de fer sous le regard bleu de la Vierge. Et ceci, paraît-il, tue la mauvaise pensée du labeur trop rude et du kopek trop rare...

A Moscou, la cité sainte, j'ai voulu revoir toutes ces maisons de Dieu qu'emplit le peuple russe. Et je montai à cette tour d'Ivan le Terrible, qui domine le Kremlin, la ville et la campagne. Mon regard, passant par-dessus les lourdes murailles de cette forteresse qui n'est elle-même qu'un assemblage d'églises et de palais, put « cueillir », en une fois, cette floraison colossale de bulbes polychromes qui donnent à la ville l'aspect des cités d'Orient. Il y avait là des temples innombrables, et ma vue fut moins réjouie de ce panorama que ma pensée ne fut étonnée de savoir tous ces temples trop petits pour le peuple qui s'y précipite.

Je fis cette réflexion tout haut, et quelqu'un, à côté de moi, dit : « Monsieur, vous ne connaissez pas la Piété Russe. Il faut, il faut que vous alliez à la Troïtsa... »

Quand on arrive au haut de la colline qui, à deux cents verstes de Moscou, domine le vallon au centre duquel, sur une éminence, s'élève la Troïtsa, on se croirait transporté, par quelque sortilège, en plein pays moyenâgeux. Voici le château-fort avec ses créneaux, ses machicoulis, qui domine la contrée, et ses huit tours, ses palais et ses douze églises, que construisit Ivan le Terrible; voici ces murs qui pouvaient abriter quinze mille hommes, et qui subirent victorieusement, pendant seize mois, l'assaut de trente mille Polonais. Cela n'a rien de l'aspect fantomatique des tours de chez nous; cela ne se montre point comme une curiosité des temps passés, et qu'il nous faut contempler hâtivement aujourd'hui, parce que demain l'aura effacé de la montagne et que la plaine ne connaîtra plus son ombre. Ces murs semblent bâtis d'hier, et les maîtres de ces murs sont toujours les protecteurs tout-puissants des paysans dont vous verrez les cabanes dans la vallée.

Pas n'est besoin de quelque effort de l'imagination s'excitant à l'aspect des pierres antiques pour ressusciter une ère qui n'est point close. Les palais de cette forteresse sont habités, et les églises de ce couvent ont, comme jadis, leurs prêtres et leurs fidèles, soumis aux mêmes traditions, grouillant sur les parvis et sur les places avec les mêmes habits nationaux et les mêmes loques.

J'ai vu là, non seulenent le peuple de la province moscovite, qui avait tout abandonné pour venir prier aux pieds de saint Serge, mais encore de pauvres gens qui s'étaient donné rendez-vous autour des reliques saintes, des quatre coins de la Russie. Je sais bien qu'il y a chez nous des pèlerinages, mais Lourdes nous a prouvé qu'on ne va plus aux bons saints que lorsque l'on est dans la nécessité de s'y faire porter. Ici, la seule pensée de la prière a conduit vingt mille hommes.

La fourmilière monte aux flancs du coteau, s'engouffre sur les pentes géantes et va se mêler à d'autres fourmilières qui attendent depuis des heures le tour de pleurer devant les reliques promises. Imaginez ce peuple multicolore, avec ses chemises rouges, avec ses tuniques jaunes, parmi les murs éclatants de blancheur, à l'ombre des dômes d'or, des toits verts et des bulbes bleus. Imaginez-le comme je l'ai vu alors, dans un brûlant été, sous un soleil torride, dans une atmosphère de poussière qui n'a point vu la pluie depuis quatre mois. Dans cette gamme éblouissante de lumières, faites passer les popes tout noirs, habillés de longs voiles, comme des femmes en deuil.

Les hommes s'appuient à de longs bâtons; des femmes dorment sur des pierres tombales; d'autres, vaincues par la fatigue, semblent mortes sur les degrés des églises où elles sont venues tomber. Les mères découvrent des poitrines décharnées et tentent d'y allaiter leurs enfants. Une grande joie est répandue sur tous les visages. Ils sont arrivés. On va leur ouvrir les portes du sanctuaire, et ils oublient les chemins parcourus, tous, même ceux qui sont venus de très loin, ceux qui ont vu les routes d'Asie et qui traînent à leurs souliers la poussière de deux mondes...

Ils s'abîment enfin au pied des icones; ils frappent, du front, l'airain qui recouvre le pavé des églises; ils baisent, pâmés, des lèvres que leur tendent les popes. Et voici, dans ce coin obscur qu'étoilent des reflets d'or, les reliques... alors, ils écartent les bras comme si on les clouait sur des croix; ils ouvrent la bouche qui n'articule aucun son... point n'est besoin, car leurs maîtres sont sourds et Dieu seulement entend leur prière...

Juin 1905

SUPRÊME APPEL AU TSAR

Nous touchons à l'heure historique qui va voir s'ouvrir pour la Russie l'ère de la liberté et du progrès ou qui menace de voir s'aggraver encore l'agitation révolutionnaire. En ce moment même où le monde entier se demande si, sur l'initiative de M. Roosevelt, on peut fonder quelque espoir de paix, j'ose dire qu'il y a pour ce pays quelque chose de plus important encore que de savoir si les délégués japonais et russes vont se rencontrer dans le dessein douteux de mettre fin à la guerre. Oui, il y a, pour toutes les Russies, une autre rencontre d'où dépend leur destin, une rencontre qui doit creuser un abîme entre le Passé et l'Avenir, c'est celle que les délégués du congrès des zemstvos et des municipalités de l'empire, réunis à Moscou, vont tenter avec le tsar. Il faut connaître le nom de ces hommes qui viennent apporter à l'empereur les demandes de l'empire.

Ils sont arrivés déjà à Saint-Pétersbourg. Voici les noms de ces premiers députés du peuple : comte Heyden, Golovine Petroutch, princes Pierre et Paul Dolgorouki, Kovalevski. Nevosiltzevo, Roditcheff, prince Chakhovskoï et prince Serge Troubetzkoï.

Le comte Heyden est chargé de faire toute démarche afin d'aboutir à l'entrevue nécessaire. Si on la lui accorde, je répète qu'il n'en est point de plus importante dans l'histoire de la Russie, et, si on la lui refuse, la chose sera peut-être beaucoup plus importante encore, car tous ces hommes ne cachent pas que leurs mandants sont résolus à faire appel au peuple.

Mais les délégués veulent espérer que ce n'est pas en vain qu'ils auront fait d'abord appel au tsar. S'il leur est permis de l'approcher, ils s'efforceront de faire comprendre à Sa Majesté que les gouvernements des Plehve et des Trepoff ont vécu, bien qu'ils donnent, à cette heure surtout, l'illusion de vivre, et que c'est une mauvaise voie que celle où l'on semble s'engager, et qui consiste à vouloir arrêter le mouvement formidable qui soulève le monde russe avec une dictature policière.

C'est que jamais, en effet, *apparemment,* la police n'a été plus forte. Tous les ministres ne sont rien dans le creux de la main de Trepoff. Toutes les forces de l'empire, civiles et militaires, appartiennent à cet homme qui peut faire disparaître qui le gêne, sur un signe. On l'a adjoint au ministre de l'intérieur. Epouvanté de cette adjonction, Bouliguine a voulu se sauver. L'empereur lui a ordonné d'attendre quelques heures encore, qu'on le remplace. Pauvre Bouliguine, il n'a pas de chance! Honni par ceux pour lesquels il avait la prétention de travailler, à la tête de sa fameuse commission, le voilà renié par son empereur. Vous savez que la commission Bouliguine s'occupait du projet d'une assemblée nationale. Ce projet est conçu de telle sorte que l'assemblée ne représenterait rien du tout, et, pour plus de précaution encore, n'aurait qu'un droit consultatif, cependant que le conseil de l'empire conserverait ses attributions. Naturellement, le congrès de Moscou ne veut pas entendre parler du projet de la commission Bouliguine. Mais, le plus drôle, c'est que l'empereur non plus ne veut rien en savoir! Quand Bouliguine, croyant avoir bien travaillé pour son tsar, commença son petit boniment, Sa Majesté s'écria :

— Je ne vous ai pas chargé d'élaborer une Constitution!

Et, cependant, c'est bien là, quoi qu'on dise et qu'on fasse, qu'il faudra en venir. C'est un fait que je constate, rien de plus. A moins d'être de la police, il n'y a qu'à ouvrir les yeux pour voir ce qui se passe.

Il se passe ceci : c'est que la Constitution arrive. C'est que la représentation nationale, une représentation sincère est imminente et fatale. Elle est en marche. Rien ne peut plus l'arrêter. Chacun souhaite que l'empereur le comprenne et marche avec elle. N'aura-t-il donc point près de lui de vrais amis pour lui faire comprendre qu'il doit recevoir ces hommes qui ont quelque chose à lui dire et à lui remettre, et qu'il serait insensé de se boucher les oreilles

et les yeux quand la Russie tout entière reten-
tira des paroles que voici :

C'est presque une sommation — la première :

Majesté Impériale,

*Dans le moment de la plus grande calamité
nationale et du plus grand danger pour la
Russie et même pour votre trône, nous déci-
dons de nous adresser à vous, oubliant toute
diversité et toute opposition qui nous séparent,
mais seulement mus par un amour ardent pour
la patrie.*

*Sire, par une négligence criminelle de vos
conseillers et par leurs abus, la Russie a été
précipitée dans une guerre néfaste; notre
armée n'a pas pu vaincre l'ennemi, notre flotte
a été anéantie, et — ce qui est plus menaçant
que le danger extérieur — une inimitié intérieure se développe et menace.*

*De concert avec tout votre peuple, ayant
compris vous-même les vices du régime odieux
et néfaste du « prikase » (ancien régime intro-*

duit par Pierre le Grand, et représentant le summum de l'arbitraire, des abus et du secret), *vous avez décidé de le changer et avez projeté différentes mesures destinées à le transformer. Mais ces projets ont été défigurés et n'ont nulle part reçu leur application exacte. L'oppression de l'individu et des sociétés, l'oppression de la parole et toutes sortes d'abus se multiplient et augmentent. Au lieu de la suppression promise de la « okhrana » et de l'arbitraire administratif, l'autorité policière augmente de force et reçoit des pouvoirs illimités, et l'on barre à vos sujets la route que vous leur avez ouverte afin que la voix de la vérité arrive jusqu'à vous.*

Vous avez décidé de convoquer les représentants du peuple pour travailler ensemble, avec vous, à la formation du régime, et votre volonté est restée sans exécution jusqu'à présent, malgré la grandeur menaçante des événements qui se passent actuellement; en même temps, le peuple est troublé par le bruit des projets, suivant lesquels, la représentation nationale promise par vous, et qui devait supprimer le régime des « prikases », est remplacée par une consultation des classes.

Sire, tant qu'il n'est pas encore trop tard pour sauver la Russie et rétablir l'ordre et la paix intérieure, ordonnez immédiatement de convoquer les représentants du peuple, élus dans ce but par tous vos sujets sans distinction. Qu'ils décident, d'accord avec vous, la question vitale du pays — la question de la paix ou de la guerre — qu'ils établissent les conditions de la paix, ou bien, en repoussant cette dernière, qu'ils transforment cette guerre en une guerre nationale. Qu'ils montrent à tous les peuples une Russie qui n'est plus divisée, qui ne s'épuise plus dans une lutte intérieure, mais une Russie guérie, puissante dans sa renaissance et groupée autour d'un symbole national unique. Qu'ils établissent, d'accord avec vous, un régime nouveau.

Sire, vous tenez en vos mains l'honneur et la puissance de la Russie, sa paix intérieure, de laquelle dépend sa paix extérieure. Entre vos mains se trouvent votre pays, votre trône, héritage de vos ancêtres.

Ne perdez plus un moment, Sire, car, à l'heure terrible où le peuple est éprouvé, immense est votre responsabilité devant Dieu et devant la Russie.

Cette très belle adresse a été rédigée et votée il y a quelques jours, à Moscou, dans ces conditions : en trois jours, le bureau de Moscou avait réuni trois cent cinquante délégués des zemstvos et des municipalités de tous les points de la Russie. C'était la représentation nationale avant la Constitution.

Il s'agissait de délibérer. Les délibérations, naturellement, n'étaient pas autorisées, mais, événement à retenir, on ne les interdit pas. A-t-on craint d'exaspérer outre mesure le sentiment national? C'est possible. Le gouvernement s'est-il dit : « Puisque les délégués sont là, laissons-leur montrer d'un coup ce qu'ils ont dans le ventre »? Peut-être; en tout cas, si l'on ne permit point de réunion ayant un caractère officiel, on n'empêcha point les réunions privées. Il y en eut trois. La première, le 6 juin (24 mai russe), dans la maison du prince Stcherbatoff, la deuxième et la troisième, le 7 et le 8 juin, dans la maison Morosoff.

Le but de l'assemblée était de réunir tous les partis pour unifier leurs desiderata dans une pétition, en se faisant des concessions réciproques.

Les différentes factions en présence consentirent si bien à des concessions, dans le dessein louable d'aboutir à l'union, que la pétition ainsi votée n'avait plus de couleur du tout. Il fallut bien s'en apercevoir, et l'on fut d'accord que l'on n'avait point accompli ce miracle de se réunir pour élaborer une adresse sans portée décisive.

Du reste, c'était la volonté de la grande majorité de parler haut et ferme. *Les campagnes le réclamaient.* Car, chose intéressante, dans la distribution des partis, c'est la province qui est la plus avancée. Elle a marché depuis les réformes d'Alexandre II.

Les campagnes réclamaient donc une pétition qui eût le courage de dire tout ce qu'il fallait dire. Elle fut votée — c'est celle que vous venez de lire — dans le plus grand enthousiasme. Ce soir-là, les fenêtres de la maison Morosoff étaient grandes ouvertes sur la ville; un orage éclatait, et l'on apercevait, au milieu des éclairs, les gestes formidables de l'avocat Roditcheff, dont la parole ardente soulevait la foule.

Après?... Après, voilà ce qui se passera : L'empereur recevra ou ne recevra pas la députation. Si oui, on attendra sa réponse; si non, on fera parvenir la pétition aux ministres, et on attendra encore la réponse. De toute façon, les députés reviendront à Moscou rendre compte de leur mandat, dire ce qu'on leur a répondu ou qu'on ne leur a pas répondu...

Et après?... Après, il n'y aura plus rien que ceci : c'est que les bureaux de Moscou, qui savent qu'il faut qu'il y ait une représentation nationale et qui se livrent dès maintenant, *sans attendre la réponse,* à tous les travaux statistiques concernant le futur Parlement, continueront ces travaux, cependant que le congrès de Moscou FERA APPEL AU PEUPLE.

Voilà où nous en sommes, ou plutôt où nous allons en être, si l'empereur n'apparaît pas.

Qu'il se montre donc, pour l'amour de son peuple et le salut de sa dynastie.

Les événements les plus graves, et dont l'attente tient tous les esprits en suspens, peuvent sortir de l'attitude que les délégués des zemstvos vont décider de tenir vis-à-vis du gouvernement.

Il est absolument faux que ces délégués, ainsi que l'ont annoncé les agences, aient reçu communication du refus d'audience de l'empereur et l'ordre de quitter Saint-Pétersbourg. Cette mesure brutale eût déchaîné immédiatement une tempête. Le baron Freederickz leur a fait savoir, au contraire, que l'empereur, sans qu'il en ait encore fixé la date, était prêt à donner audience à six d'entre eux et à recevoir leur adresse.

A ce propos, on a dit qu'au début de l'adresse

il n'y avait point la formule protocolaire « Majesté Impériale ». C'est faux. J'ai eu cette adresse entre les mains, *in extenso*; seuls, ceux qui ont eu un texte tronqué se sont imaginé que la formule de politesse était absente.

Il semblerait donc que toute difficulté pour l'audience ait été surmontée. Malheureusement, il n'en est rien, car la cour a prétendu désigner, elle-même, les noms des six délégués qui seraient admis, parmi lesquels le baron Korff, délégué de Saint-Pétersbourg. La totalité des délégués s'est réunie, tout l'après-midi, pour décider si elle devait accepter cette condition. Aucune résolution n'a encore été prise. En admettant que les délégués, passant par-dessus les difficultés qui leur sont suscitées, soient reçus par l'empereur, celui-ci leur répondra à peu près ceci, qui a été décidé, d'accord avec les ministres :

L'empereur comprend l'état de surexcitation dans lequel les présidents des zemstvos se trouvent, par suite des événements extérieurs; aussi, c'est à cause de cette excitation même qu'on ne saurait une seconde songer à permettre à des représentants de la collectivité de trancher, comme ils le demandent, la question de la guerre ou de la paix, qui exige, pour être résolue, le plus grand calme. Quant à cette affaire de l'Assemblée nationale, l'empereur promet de s'en occuper avec activité, car c'est son idée de derrière la tête depuis longtemps.

Ainsi parlera le tsar, s'il parle. Le malheur est, comme je vous l'ai dit, que l'Assemblée nationale, telle que l'entend le projet Bouli-guine, les zemstvos n'en veulent pas.

Juin 1905

LE TSAR ET SON PEUPLE

Par une bonne fortune exceptionnelle, il m'a
été permis d'assister, en quelque sorte, à l'entrevue historique de l'empereur avec les délégués de la nation; je puis dire, en effet, que j'y
ai assisté, puisque, malgré tout le secret dont
cette audience fut entourée, je n'en ai perdu ni
un geste, ni une parole.

L'événement vaut la peine d'être conté tout
au long, puisque c'est la première fois que l'autocratie se trouve face à face avec le peuple, et
qu'elle lui permet d'élever la voix.

Je vous ai narré toutes les difficultés qui ont
précédé cette illustre rencontre; il y avait,
comme toujours, deux partis à la cour, qui se
disputaient la responsabilité de la décision à
faire prendre. Chacun s'accordait à dire que le
moment était des plus graves; mais, comme
cette réflexion servait à celui-ci pour proclamer

la nécessité de l'entrevue, et à celui-là pour la repousser, il arriva cette chose inattendue, que la décision du tsar fut emportée par Trepoff. Le dictateur actuel de l'empire tint, en effet, ce raisonnement : qu'il fallait arrêter tous ces hommes, qui n'étaient légalement les délégués de personne, ou les recevoir, si l'on estimait qu'ils pussent être au moindre titre représentants de quelque chose.

L'empereur jugea sans doute qu'il serait d'un effet désastreux d'arrêter les députés du congrès de Moscou, et il fut entendu qu'il les recevrait tous, à titre individuel. Tout de même, le baron Freederickz, ministre de la cour, dit aux délégués que, malgré toute sa bonne volonté, il lui était difficile de conduire près de l'empereur M. Petrounkevitch, qui passait pour avoir des attaches révolutionnaires ; il lui fut répondu que l'empereur d'Autriche avait eu pour ministre M. Ondrachi, qu'il avait autrefois condamné. Cet argument leva la dernière difficulté, et, hier, à onze heures, les délégués descendaient en gare de Peterhoff, où des voitures de la cour les attendaient. Les uniformes des laquais juraient, pour la première fois peut-être, avec le manque d'uniformes des représentants ; ceux-ci étaient quatorze, dont la plupart n'avaient eu aucune fonction hiérarchique — sept étaient en habit noir — ils furent conduits, au grand trot, au palais Alexandria, et introduits, par le ministre de la cour, dans une pièce dont les murs étaient illustrés des figures de Guillaume I", de Bismarck, de Moltke, et par une série de tableaux où les Français n'emportaient pas la victoire. Les délégués appelèrent cette chambre la « chambre allemande », et c'est de là qu'ils firent parvenir, sous enveloppe, à l'empereur, la fameuse et radicale adresse dont je vous ai envoyé les termes.

De ce fait, les délégués perdaient leur caractère individuel et reprenaient toute la force d'une collectivité, qu'ils ne voulaient point cesser de représenter. Du reste, on ne saurait nier que, quelques minutes plus tard, l'empereur, par sa réponse même, reconnaissait qu'il avait affaire à une députation.

De la salle allemande, on les fit passer dans une autre salle, modestement tendue de percale; l'empereur allait venir, lorsqu'on s'aperçut tout à coup que le révolutionnaire Petrounkevitch n'avait pas de gants blancs. Le colonel, chef des gardes du corps, Poutiatine, défit les siens immédiatement et les passa en hâte au révolutionnaire.

L'empereur parut; il semblait à la fois sévère et intimidé. Il ne prononça pas un mot, et attendit que le prince Troubetzkoï, professeur de l'université de Moscou, élevât la voix. Ce que celui-ci fit, du reste, fort naturellement et sans aucune intimidation. Il dit, et, pendant qu'il disait, il essayait, par l'amabilité du geste, de faire oublier ce que son discours avait d'un peu rude.

Sire,

Nous vous sommes très reconnaissants de ce que, malgré les insinuations, vous avez tout de même daigné nous recevoir, en montrant par là que vous avez confiance en nous, dans un moment de malheur que nous subissons tous. Nous sommes tout simplement des gens d'ordre et de paix, venus pour vous exposer la situation du pays. Nos paysans croyaient à la puissance de la Russie, et nos défaites leur paraissaient incompréhensibles. Elles s'expliquent pourtant. Le peuple et le tsar ont été trompés. Le mot terrible de « trahison » est déjà prononcé, et le peuple est surexcité. Une haine menaçante se déclare envers les propriétaires fonciers, envers les tchinovnicks (employés de l'Etat), envers les « plus hautes autorités ». Vos conseillers n'ont fait qu'attiser cette haine.

Pour sortir de là, il y avait un moyen, qui fut bien indiqué par Vous, mais non exécuté, cette non-exécution de vos projets a encore augmenté le mécontentement général envers vos conseillers et n'a fait que fortifier la croyance à la trahison. Une assemblée de représentants des diverses classes, telle qu'elle est projetée par la commission Bouliguine, est inadmissible, car vous n'êtes pas le tsar des nobles, des marchands et des paysans, mais vous êtes le tsar de toute la Russie, et la représentation doit comprendre le peuple entier sans exception, autrement toute division entraînerait l'inimitié et la discorde. Il ne s'agit pas de faire des reprises

*à un habit, mais d'en créer un neuf. Entre vous
et votre peuple, aucun intermédiaire ne doit
exister.*

L'empereur, pendant ce discours, prononcé
d'une voix bonhomme, ne fit pas un geste, ne
marqua par aucun jeu de physionomie le plaisir ou le déplaisir qu'il en ressentait, et ce fut
le tour de M. Feodoroff, qui prononça le discours suivant :

Sire,

*Quelle que soit la décision de Votre Majesté
relativement à la question de la paix, un jour
viendra où la guerre cessera; alors, il faudra
guérir les blessures économiques et financières.*

*Nous prévoyons que notre budget devra, dans
ce but, être augmenté de 300 ou 400 millions de
roubles par an. Afin de subvenir à ces dépenses, il faudra entreprendre un énorme travail
de progrès et de civilisation. Ceci ne sera possible que dans le cas où sera appelé à la vie tout
ce que votre peuple possède de gens de talent et
lorsque la société aura acquis la plus grande*

somme d'indépendance. Toutes les villes de l'empire se joignent, dans cette espérance, à la voix des représentants des zemstvos, dont la pensée a été traduite ici par le prince Troubetzkoï.

Après quelques secondes de silence, occupées par un froncement de sourcils de l'empereur, celui-ci répondit : « *Ma volonté de tsar de convoquer les représentants du peuple est inébranlable.* » Puis, il s'entretint fort aimablement avec chaque délégué. Il alla même jusqu'à demander au fameux révolutionnaire Petrounkevitch s'il n'était point maréchal de noblesse, ce qu'il n'était pas. Sur quoi, le tsar, ayant exprimé l'espoir qu'il le serait un jour, passa à d'autres exercices. Quand il eut pris congé de la société, les délégués furent reconduits dans une dépendance du palais, où on leur servit un déjeuner, qu'ils estimèrent à 75 kopeks. Quoi qu'il en soit, les délégués étaient contents de leur journée, et déjà ils envoyaient d'innombrables télégrammes aux principales municipalités de

Russie, quand on leur communiqua le texte officiel de la réponse de l'empereur. Ils ne furent point peu stupéfaits, car la phrase : « *Ma volonté de tsar de convoquer les représentants du peuple est inébranlable* », s'était transformée en cette simple affirmation : « Ma volonté de tsar est inébranlable. » Immédiatement, les délégués renvoyèrent ce texte officiel, qu'ils n'admettaient pas, et ils attendent aujourd'hui, avec un certain énervement, qu'on leur renvoie un texte qui leur permettra de dire, ce que de toutes leurs oreilles, ils ont entendu.

L'un d'eux me disait ce soir, en me parlant de cette fantastique substitution de phrases :

— Ça, voyez-vous, ça n'est plus de l'autocratie, c'est de la prestidigitation !...

Juin 1905

DÉCLARATION DES DROITS DE L'HOMME

Les plus graves nouvelles nous arrivent de Moscou, accentuant l'état aigu de la crise politique qui déchire le pays.

Je vous télégraphiais, il y a quelques jours, que la réunion des délégués des villes et des zemstvos adressait une véritable sommation au gouvernement d'avoir à réaliser, dans le plus bref délai possible, les réformes si souvent promises ; ce mot de sommation n'est pas, en effet, exagéré, et, si on considère les termes des décisions prises, on pourra se rendre compte que nous sommes arrivés, ici, à l'extrême limite de la patience du peuple.

Les 28 et 29 juin, la réunion des représentants des villes et des zemstvos votait, à l'unanimité, l'envoi par télégraphe, à l'assemblée des ministres, des résolutions prises ; en voici les principaux extraits :

... Considérant qu'il est indispensable, pour

assurer le bon fonctionnement des services publics, d'appliquer les principes établis par les zemstvos des 19 et 21 novembre 1904, la conférence a reconnu :

1° Qu'il est indispensable et urgent d'introduire en Russie une représentation nationale établie sur des bases constitutionnelles, c'est-à-dire donner à cette représentation le droit décisif de légiférer, d'établir le budget de l'Etat, de contrôler l'administration et les ministres ;

2° Il est évident, pour la conférence, que le projet Bouliguine ne répond à aucune de ces exigences élémentaires ;

3° L'élaboration normale de la représentation nationale est, de fait, nulle, si elle existe sans participation des éléments nationaux, qui en ont été systématiquement écartés ;

4° Il apparaît, dans ces conditions, que le système politique actuel ne saurait durer ;

5° Qu'en conséquence, et sans attendre la réalisation des réformes, avant toute chose et pour permettre justement cette élaboration normale de la représentation nationale, il est nécessaire de proclamer immédiatement l'inviolabilité de la personne et du domicile, la liberté de parole et de presse, le droit de réunion et de rétablir dans leurs droits toutes les personnes qui en ont été exclues pour causes politiques et religieuses;

6° Si ces garanties fondamentales du droit civique et la suppression de la tyrannie administrative ne sont pas décrétées, toute élection sera naturellement faussée et vaine et augmentera le désordre en consolidant, d'après le procédé d'élections Bouliguine, les abus administratifs existants.

Cette adresse a une importance considérable, puisqu'elle rejette d'une façon solennelle la réforme impériale telle que Bouliguine l'avait conçue. Ce que demandent les délégués des villes et des zemstvos est, en effet, bien autre chose.

Le principe unanimement adopté est que tous les sujets russes devront pouvoir voter au-dessus de vingt-cinq ans, *sans distinction de nationalité, de religion et même, sans distinction de sexe.* »

Du coup, nous voici dépassés! Il est évident que les délégués demandent le plus pour obtenir le moins.

Si l'empereur ne se résout point promptement à faire les concessions nécessaires, alors, nous touchons à ce que j'ai appelé déjà, dans un précédent article, « l'appel au peuple » ; c'est ce que vient de me dire un des personnages des plus considérables de cette réunion.

Que peut-on entendre exactement, ici, par « appel au peuple ». Il ne saurait y avoir, ici, de « Faubourg Antoine », la nation, dans son conflit avec l'autorité, sera moins décidée à descendre dans la rue qu'à rester chez elle et c'est à ces qualités négatives qu'on a pensé à avoir recours : ne pas payer l'impôt, par exemple, est le mode de protestation qui pourrait menacer de devenir efficace s'il se généralisait. Tolstoï n'a jamais cessé de le préconiser, les Dhoukhobors en ont usé, non sans succès ; nous devons souhaiter, de toutes nos forces, qu'on n'en soit pas réduit à l'expérimenter dans les circonstances présentes.

Juin 1905

LES AVENTURES EXTRAORDINAIRES DU « KNIAZ-POTEMKIN »

Il est impossible de vous donner une idée de la stupéfaction dans laquelle les autorités sont plongées, ici, à la suite des nouvelles qu'on leur laisse parvenir d'Odessa, nouvelles qu'il est difficile de contrôler.

« L'équipage du *Kniaz-Potemkin,* navire amiral de l'escadre de la mer Noire, s'est mutiné, a massacré ses officiers et canonné la ville.

La nuit dernière, à une heure avancée, le *Kniaz-Potemkin,* navire amiral de l'escadre de la mer Noire, arrivait dans la baie, venant de Sébastopol, en compagnie d'un torpilleur. A l'étonnement des autorités du port, il avait hissé le drapeau rouge du parti révolutionnaire et ne tenait aucun compte des signaux qui lui étaient faits.

Ce matin, de bonne heure, le cuirassé se déclara en révolte ouverte contre l'autorité, il envoya le torpilleur qui passa devant les navires avec ses canons dirigés sur les quais.

En même temps, une chaloupe armée quittait le *Kniaz-Potemkin* et déposait sur le quai un cercueil ouvert contenant le cadavre d'un marin, avec un papier épinglé sur ses vêtements.

Ce papier déclarait que le marin s'appelait Omeltchouk, et qu'il avait été tué d'un coup de feu par l'officier commandant en chef, parce qu'il s'était plaint de la qualité de la soupe; ce singulier document ajoutait que Omeltchouk avait été assassiné pour avoir dit la vérité, et que ses camarades avaient vengé sa mort en tuant tous les officiers.

Une tirelire avait été placée à côté du cadavre afin, qu'on puisse y déposer les souscriptions pour couvrir les frais des funérailles.

Une foule considérable envahit la jetée; les gens se découvrirent devant le cadavre et poussèrent des imprécations contre le tsar et le gouvernement. »

Cet après-midi, j'ai pu aborder un membre

de l'Etat-Major, qui m'a avoué avec désespoir ce détail : que l'amiral Tchouchkine, ayant reçu une dépêche d'Odessa lui annonçant l'arrivée et l'aventure du cuirassé *Potemkin*, avait télégraphié à l'amiral, qui le remplace à Sébastopol, pour avoir des détails, et que cet amiral lui avait répondu que le cuirassé *Potemkin* était toujours à Sébastopol, sous ses ordres, et qu'il ne comprenait rien à sa dépêche!...

Ceci vous démontre mieux, qu'aucune considération, le point où nous en sommes avec la marine russe. On a envoyé de Sébastopol, contre le cuirassé révolté, quatre contre-torpilleurs qui ont ordre de le couler. On croit être sûr des hommes qui montent ces bâtiments, en raison de leur faiblesse numérique.

On apprend d'autre part, que le *Potemkin*, après avoir quitté Odessa, a rencontré dans la haute mer un navire grec par qui, il se fit donner des vivres et du charbon. Un reçu, en règle, fut délivré au capitaine grec, lui permettant de réclamer, du gouvernement russe, le paiement pour les vivres et le charbon fournis.

On vient de m'affirmer que, d'ici quarante-huit heures, tout sera rentré dans le calme à Odessa, l'empereur ayant déclaré l'état de siège, ce à quoi, du reste, j'ai répondu que les matelots révoltés l'avaient déclaré avant lui...

Chose inouïe! Voilà quarante-huit heures que Saint-Pétersbourg a appris officiellement l'aventure du *Potemkin,* et l'émotion est déjà calmée. On ne s'occupe même plus de ce vaisseau fantôme. On n'a même plus la curiosité de savoir où il est, où il va, ce qu'il fait. On lui abandonne la mer Noire; elle est à lui. Quand il sera fatigué de s'y promener, il le dira.

Aujourd'hui, un ordre de la marine décide le renvoi dans leurs foyers, pour deux mois, des réservistes actuellement en service dans la mer Noire, de telle sorte que, de toute la flotte russe de cette mer, il ne reste plus que le *Kniaz-Potemkin,* lequel, seul maître de ses destinées, et commandé, quoi qu'on en ait dit, par des officiers, s'est réfugié à Constanza, où il a reçu la visite des autorités roumaines, pendant qu'à Odessa le gouverneur tranquillise les habitants en leur montrant la rade vide des cuirassés russes !

A la dernière minute, j'apprends que les équipages des navires qui avaient ordre de couler le *Potemkin* ont fraternisé avec lui.

Dans le moment que je sortais de l'état-major, je rencontrais l'amiral Wirenius qui m'accueillit avec une tristesse fort compréhensible et qui, à mes questions, répondit les mains aux oreilles :

« Au nom du Ciel, ne me parlez plus de cela !... ne me parlez plus de cela ! »

Juin 1905

AUJOURD'HUI

C'est fini de se demander : que sera demain?
« Aujourd'hui » nous renseigne. Quel spectacle! Varsovie, Lodz, Libau, Nicolaïeff, Moscou!
Odessa!... Odessa! et l'on voudrait continuer la
guerre avec le Japon!... Moscou! et l'on voudrait ne point traiter de la paix intérieure
avec le peuple!... Mais, écoutez donc, si Vous
voulez être renseigné! Occupez vos deux oreilles; prêtez l'une à ce que crient vos soldats,
mais donnez l'autre, ah! donnez-la tout à fait,
pendant qu'il en est temps encore, à ce que pro-
clament les premiers représentants de votre
empire, ceux qui sont venus du Caucase, ceux
qui sont venus des rives de la mer Blanche, et
de plus loin encore, d'en haut et d'en bas, ceux
qui descendent de l'antique noblesse orgueil-
leuse qui ne connaissait point de maître avant
Ivan le Terrible, et *ceux qui montent du village!*... Ah! comme ils viennent de loin, ces der-

niers, plus loin que des lointaines plaines
d'Asie : ils arrivent du fond des âges, et avec
quelle confiance imperturbable et merveilleuse
en Vous! Ils étaient sûrs qu'ils vous trouve-
raient un jour, ô Petit-Père!... et, eux, ils ont
trouvé la force de vous apporter dans leur
cœur la misère de deux siècles!

Quel fut le geste d'accueil? Vous leur avez
mis dans la main, Seigneur, la Constitution
Bouliguine!...

Jusqu'à ce jour, il y avait entre le maître et
les sujets un gouffre : l'Arbitre; à partir de la
Constitution Bouliguine, il y aura une montagne : la Loi. Gravir cette montagne sera la
tâche la plus ardue qu'ait pu entreprendre un
peuple qui a rêvé d'atteindre à un sommet.

Seulement, ce peuple se refuse à la gravir,
car le peuple ne veut pas de la Constitution
Bouliguine. Le prince Troubetzkoï, dans cette
étonnante et courageuse allocution à l'Hôte illustre de Peterhoff, ne le lui a pas envoyé dire :
« Nous ne voulons pas de la Constitution Bou-

liguine! » Le passage où la chose est dite a été officiellement rayé des comptes rendus de l'audience. Enfantillage! Tout le reste qui a été raconté n'est rien à côté de ceci, que l'on a tu : « Nous ne voulons pas de la Constitution Bouliguine! »

Et les délégués des villes, qui sont venus se joindre, à Moscou, aux délégués des zemstvos, ont répété la parole de Troubetzskoï : « Nous n'en voulons pas! Si c'est là tout ce que vous avez à nous offrir, gardez! gardez, pour vous, la Constitution Bouliguine! »

Vous allez comprendre pourquoi *ils* n'en veulent pas. La « douma » impériale de ce fameux projet se composera de cinq cents membres élus pour cinq ans, dans des conditions si rassurantes pour le pouvoir, que l'assemblée de Moscou refuse de les discuter. Cette « douma » se subdivisera en dix sections, dont neuf s'occuperont de ces questions qui font vivre ou mourir un gouvernement : finances, terres, religion, industrie et commerce, instruction publique, guerre, justice, travaux publics. La dixième section s'occupera du budget. Les dé-

putés toucheront, par an, 2.400 roubles. La
« *douma* » *aura le droit de proposer des projets de loi.* Qui donc oserait prétendre que cette
assemblée, qui a le droit de proposer des projets de loi, n'est pas une assemblée législative?
Voilà les partisans, eux·mêmes, des théories de
Chipoff, dépassés par le projet Bouliguine. Ils
veulent une assemblée consultative; on leur
donne la législation du premier coup! Elle
aura le droit de *proposer,* et, soyez certains
qu'elle ne proposera que des choses utiles, *des
choses russes,* selon la haute expression impériale, sous la présidence d'un homme « qui sera
choisi par l'empereur » ; soyez sûrs que les sections elles-mêmes, n'oublieront pas l'*esprit
russe,* sous la présidence de dix présidents
« qui seront choisis par l'empereur ». L'assemblée aura donc le droit de proposer la loi,
*comme le conseil de l'empire aura celui de la
rejeter!* Car, dans toute cette mécanique, dans
les rouages de laquelle il serait bien inutile de
se prendre, à la place où le congrès de Moscou
met le Sénat élu, l'empereur laisse le conseil
de l'empire. Qu'est-ce que le conseil de l'em-

pire? Est-ce qu'on peut dire : c'est l'empereur? Non! on ne peut même pas dire : c'est l'empereur! Le Conseil de l'empire, c'est les secrétaires de l'empereur!

— Le projet Bouliguine, me disait l'un des premiers personnages des temps nouveaux, le projet Bouliguine, monsieur, *ça ferait rire les poules!*

Evidemment, évidemment, le congrès de Moscou, qui a peut-être ses raisons pour cela, va un peu loin. Qu'il ait demandé le vote des femmes, se disant : « Nous serons trop heureux qu'on nous accorde le vote des hommes », le calcul, pour être naïf, n'en est pas moins excusable. *Il faut que le gouvernement s'imagine qu'il pourra toujours s'entendre, dans le détail, avec les hommes, s'il a résolu de les comprendre sur le principe.* On trouvera les esprits les plus libéraux pour accorder qu'il est peut-être dangereux de donner, sans transition, toute liberté politique à une masse populaire ignorante... On discutera les moyens intermédiaires à prendre, mais ce que le gouvernement devrait savoir et ce qu'il continue cependant à ignorer, c'est qu'on ne discutera plus ce que le congrès a définitivement condamné : l'oppression de la bureaucratie, monstre calamiteux, servile à l'empereur, tyrannique au peuple, vénal à tous, qui, malheureusement, depuis Pierre le Grand jusqu'à nos jours, *a été à peu près tout le gouvernement.*

Or, mettre entre l'autorité suprême et les représentants du peuple, mettre le conseil de l'empire — tête de monstre — ce n'est pas changer le régime, c'est le consolider... jusqu'au jour où, le monstre crevé, le régime sera par terre.

L'empereur refusera-t-il donc de comprendre que c'est à lui, nouveau saint Michel, de tuer la mauvaise bête, puisqu'il faut qu'elle meure? N'a-t-il pas entendu les cris d'allégresse qui ont chanté sur toute la vieille terre russe, quand, après la réception de Peterhoff, il est apparu à la nation avec le geste de l'archange? Qui donc, qui donc lui a mis les mains sur les oreilles, pour qu'il se soit lassé, au bout de deux heures, de porter la lame? Pour qu'il n'ait pas été transporté d'une force divine, par le gémissement d'universel amour qui montait vers Celui qui avait promis la délivrance?

La délivrance, tout le monde la demande, les hommes de vos villes et les hommes de vos champs, et, prenez garde, vos officiers...

Quant aux soldats, d'Odessa à Libau, on les a assez entendus cette semaine... et les autres, ceux qui ne seront soldats que demain, les malheureux que l'on traîne, ivres ou désespérés, dans les rues de Pétersbourg, et qui se laissent traîner encore parce qu'on leur promet de ne pas les envoyer à la guerre... croyez-vous qu'ils seront bons à défendre le régime? Le régime bureaucratique, qui va les arracher du grabat conjugal à trois heures du matin, aux pleurs de la femme et des enfants épouvantés...

Puisque Vous n'avez pas entendu le gémissement d'espoir qui vous cherchait, écoutez au moins les plaintes et les douleurs qui s'élèvent de partout.

Ecoutez-les, et réfléchissez, dans votre cœur impérial, sire, qu'un peuple n'est pas au monde, comme l'a dit Nakhrasoff, pour éternellement pleurer...

Il était de toute logique de supposer que les événements de la mer Noire, de Varsovie et de Libau allaient inciter le gouvernement à activer la procédure diplomatique qui, espérons-le, aboutira à la paix. Ainsi a-t-on raisonné, chaque fois qu'un gros événement de cette guerre, à la suite de la défaite des armées russes, a rendu ici la situation intérieure plus difficile.

Je suis en mesure, en ce moment où on émet toutes sortes d'hypothèses possibles sur les instructions données définitivement par l'empereur à M. Witte, de vous fournir un renseignement de la plus haute importance, d'abord à cause de son origine, ensuite parce que ledit renseignement est la seule chose précise qui apparaisse au-dessus de toutes les hésitations et de toutes les tergiversations qui ont précédé le départ de l'illustre homme d'Etat.

Je me hâte de déclarer que je ne le tiens

point de M. Witte. La situation exceptionnelle du plénipotentiaire lui impose le silence.

Ce que M. Witte ne peut pas dire, c'est qu'il compte réussir à faire la paix avec le Japon, malgré toutes les difficultés prévues, parce qu'il a reçu, enfin, la mission de passer par-dessus certaines difficultés, même pécuniaires, s'il revient AVEC UNE SOLIDE ALLIANCE JAPONAISE.

Aucun démenti, à ce point de vue, ne me viendra, ni des affaires étrangères, ni de M. Meyer. Je ne parle que parce que j'ai le droit de parler, et s'il ne m'est point permis de nommer quiconque, je suis sûr que les événements ne me démentiront pas.

Et voilà ce que je puis affirmer :

C'est qu'on est tombé d'accord qu'une paix qui deviendrait un traité d'alliance ne saurait, en aucune façon, être qualifiée de honteuse, puisque les avantages accordés, si grands soient-ils, iraient à des amis. Cette idée ingénieuse, que M. Witte a fait valoir dans les cercles gouvernementaux et à laquelle on s'est accroché, est apparue la plus pratique, parce que sa réalisation permettrait une consolation officielle pour tous les amours-propres, et aussi parce qu'elle est d'une politique sage, logique et, dans les circonstances actuelles, nécessaire.

Après une paix sans alliance avec le Japon, la Russie ne serait plus rien en Extrême-Orient. Si elle est alliée, elle aura du moins l'illusion de cette existence et elle pourra considérer un peu comme sienne la force de ses ennemis d'hier, puisqu'elle la partagera.

La force de ce raisonnement a tellement séduit le gouvernement, qu'on s'est entendu sur la possibilité d'accepter de payer, dans ces conditions, une indemnité de guerre, puisque l'on enrichira des amis. La silhouette de l'Angleterre, à l'horizon, n'a effrayé personne. Bien mieux, le système d'alliance nouvelle a semblé, aux yeux de tous, s'agrandir, et ceci n'est point pour m'étonner, quand je me rappelle les paroles d'un ambassadeur qui, à propos des dernières exigences allemandes vis-à-vis de la France, et de l'attitude de la politique britannique en cette affaire, me disait que l'on concevait déjà, ici, la possibilité d'une entente cordiale qui, par-dessus Berlin, enserrerait le monde. Il ne faudrait pour cela qu'un peu plus de prudence et un peu moins d'ambition de la part de l'Angleterre du côté de la Perse.

C'est donc avec cette idée solide de l'alliance que M. Witte va s'embarquer. Il faut espérer qu'elle lui sera utile; mais il ne faut pas se dissimuler la difficulté qu'il aura à poser la question elle-même. Les Japonais voudront, préalablement à toute discussion, une réponse à l'exposé de leurs prétentions. M. Witte ne saurait répondre catégoriquement, puisque les acceptations de la Russie sont subordonnées à cette alliance.

Souhaitons que les délégués japonais, malgré la rigidité mathématique de leur diplomatie, permettent à M. Witte de s'expliquer. Il en résultera, on en est persuadé ici, le plus grand bien pour le monde. M. Witte part avec toutes les espérances du gouvernement, et sa paix est faite, tout au moins avec la cour.

C'est demain que les délégués des zemstvos et

des municipalités se réuniront à Moscou, malgré la défense qui leur en a été faite.

Il faut attacher la plus grande importance à ce qui se dira dans ces réunions, préludes des réunions d'une assemblée nationale qui ne saurait tarder à voir le jour, malgré toutes les mauvaises volontés.

D'après la lettre d'invitation du comité d'organisation pour le congrès des zemstvos et doumas, qui doit commencer demain, le congrès s'occupera d'abord, du projet relatif à la représentation nationale que M. Bouliguine a élaboré.

Dans douze causes, on en exposera les défauts fondamentaux; ces défauts sont les suivants : l'établissement de distinctions préjudiciables, en ce qui concerne les classes et les biens; l'exclusion arbitraire de certains citoyens, notamment des ouvriers; l'absence de garanties de liberté personnelle, et ce fait que les élections sont soumises à la direction des fonctionnaires; l'absence d'immunité parlementaire; la répartition de la douma en sections; la nomination de présidents, le caractère secret des débats; la soumission de l'Assemblée nationale au conseil de l'empire, qui est un conseil purement bureaucratique; l'absence d'initiative législative; le contrôle défectueux sur les dépenses nationales; le manque de contrôle de la part de la douma sur les questions de politique étrangère : l'absence de responsabilité ministérielle vis-à-vis des représentants de la nation.

Par suite de ces défauts, le projet Bouliguine n'établit pas une institution capable d'exprimer les volontés réelles de la nation. Ce projet se base sur une répartition inéquitable du suffrage universel; le projet est fait pour donner lieu à des abus électoraux et laisse les représentants sans défense devant des poursuites arbitraires.

Juillet 1905.

RENCONTRE DE DEUX EMPEREURS

Le tsar s'embarque demain, à dix heures, sur le yacht impérial Etoile Polaire. *Ce voyage qui apparaît mystérieux, parce qu'inattendu, durera quatre jours.*

Le motif officiel est une visite des côtes, mais on dit que l'empereur se rencontrera dans les eaux suédoises avec Guillaume II.

. . . .

Cette nouvelle, qui, jusqu'à la dernière minute, a laissé incrédules toutes les ambassades, d'abord parce qu'elle apparaissait ne répondre en rien aux nécessités politiques de l'heure présente, ensuite parce qu'on ne se gêne pas encore pour la démentir officiellement, ce qui est le comble, cette nouvelle, dis-je, semble avoir anéanti toutes les facultés de raisonnement du corps diplomatique ; certains essaient, cependant, de s'en tirer en voyant là une manifestation susceptible de prouver au Japon qu'en cas de continuation de la guerre, la Russie peut encore compter sur l'amitié inattendue de ses voisins.

Tout de même, comme cette manifestation ne semblait point s'imposer, dans le moment que l'on allait demander au Japon un traité de paix et d'alliance, auquel l'Angleterre ne saurait rester indifférente, les susdits diplomates ne savent plus au juste où donner de l'argument, et ainsi s'explique cette phrase que j'entendais ce soir dans un salon politique : « Pourquoi essayer de raisonner? L'empereur qui touche à tout, a fait un geste à l'empereur qui voudrait ne toucher à rien; celui-ci n'est pas en position de discuter les gestes de celui-là. Ils dîneront ensemble, et « bolche nitchevo », c'est-à-dire rien de plus.

Mais ça fera couler beaucoup d'encre... de Chine en Europe!

Le coup de théâtre a eu lieu! L'événement

que le *Matin* a été le seul à prévoir, dans son numéro de vendredi, s'est accompli.

Les deux souverains ont eu cette entrevue, à laquelle nul ne croyait, même M. Witte.

Il y a eu, entre eux, de longs et mystérieux entretiens. On ne saurait dire aujourd'hui, sans se livrer à une imagination évidente, quelles furent les paroles échangées, et, cependant, il ne fait de doute pour personne, dans quelque milieu diplomatique où on se trouve, que l'objet des conversations n'a pu être que la problématique alliance russo-japonaise.

La quasi-simultanéité des deux gestes du kaiser, à l'ouest et à l'est de son empire, semble ne laisser aucun doute à cet égard. Il s'agit d'éloigner toute combinaison possible qui aboutirait à l'isolement politique de l'Allemagne. Le kaiser serait décidé, à tout prix, à parer au danger qui pourrait résulter, pour lui, d'une entente cordiale ressemblant à une alliance de la Russie avec le Japon.

Encore une fois, comme nous l'avons vu lors des affaires du Maroc, c'est l'Angleterre qui est visée. Tous les efforts de la politique allemande, malgré le peu d'empressement de la France et l'embarras de la Russie, laquelle n'entrevoit de solution pacifique possible avec les Nippons que dans un traité de définitive amitié, tendraient à constituer un triple faisceau de forces destinées à faire échec à l'influence anglaise.

La question intérieure russe est également des plus graves pour l'empereur d'Allemagne. Les dernières réunions des zemstvos, l'attitude révolutionnaire à son aurore et le ferme langage du congrès de Moscou sont redoutables pour l'autocratie. Celle-ci devra se résoudre, d'ici peu, à marcher avec Moscou ou à la combattre avec acharnement. L'avenir très prochain de la dynastie dépendra certainement de la décision qui va être prise. Comme le progrès de la révolution ne saurait apparaître que des plus dangereux pour l'empire voisin, on tombe d'accord que Guillaume II a dû inciter Nicolas II à la résistance. De telle sorte que cette entrevue, à laquelle on ne croyait point parce qu'on savait d'avance que, dans les circonstances présentes, elle ne pouvait être que regret-

table, aurait apporté, dans la politique extérieure et intérieure de la Russie, de nouveaux
éléments qui compliqueraient encore la situation et rendraient plus difficile la paix dans
l'empire et en Mandchourie.

C'est là, le résumé des réflexions mélanco-
liques d'un des personnages qui se trouvaient
à bord de l'*Etoile-Polaire*. Je n'ai point besoin
de vous le nommer pour vous faire croire à son
existence. Celle-ci ne saurait avoir de meilleu-
res preuves que les détails les plus intimes relativement au voyage, détails qui me furent
révélés ce matin. Les voici : Vous savez qu'à
bord de l'*Etoile-Polaire* se trouvaient, outre le
tsar, son frère, le grand-duc Michel ; le ministre de la cour, baron Freedericksz ; le ministre
de la marine, l'amiral Birileff ; le gouverneur
de la Finlande, le prince Obolensky ; quelques
anciens commandants de navires de Port-Arthur et l'attaché militaire allemand.

Après quarante-huit heures de pourparlers
télégraphiques, l'*Etoile-Polaire* jetait l'ancre à
Bjoerko, à huit heures du soir, dimanche. Il
était entendu que le *Hohenzollern* se trouverait,

dans les mêmes eaux à cette heure-là et que le kaiser irait dîner à bord de l'*Etoile-Polaire.*

Tout était prêt, à huit heures, pour le gala ; on n'attendait plus que l'illustre invité. La vigie le cherchait en vain. L'horizon restait vide. Les hôtes du tsar commençaient à avoir faim ; pendant deux heures, ils promenèrent leur impatience et leurs somptueux uniformes sur le pont. Il n'y avait heureusement aucune dame à bord, sauf la lingère ; mais celle-ci avait dîné depuis longtemps. Ne comprenant rien à un si incroyable retard, le tsar donna le signal trop attendu du repas. On s'en fut dans la salle à manger. Il était dix heures. Les premiers services se passèrent sans aventure, mais comme on en arrivait à l'entremets et que le tsar venait de faire glisser dans son assiette une « pêche pochée à l'impératrice », un officier fit irruption dans la salle et avertit Sa Majesté que le *Hohenzollern* venait de jeter l'ancre à vingt encâblures.

Dans le même moment, on entendait les sons de l'hymne russe, que jouait la musique du *Hohenzollern.* Le tsar se leva ; on lâcha les

« pêches pochées à l'impératrice », et on s'en fut sur le pont pour voir le kaiser apparaître à la coupée. Salutations officielles, hourras et présentations, excuses de Guillaume II pour son retard.

Le dîner interrompu n'est pas repris. Le kaiser, dont on remarquait la bonne humeur, entreprend Nicolas II. Celui-ci lui fait sur-le-champ visiter l'*Etoile-Polaire,* qu'il connaissait, du reste, aussi bien que lui. Quand les souverains se furent ainsi promenés une demi-heure, il était environ onze heures, et le kaiser entraîna dans son canot le tsar et son frère Michel. Quelques instants plus tard, ils s'embarquaient tous les trois à bord du *Hohenzollern,* d'où ils revenaient à deux heures du matin, après un souper à la bière.

Dès huit heures du matin, Guillaume II était sur l'*Etoile-Polaire,* où on lui servait un café au lait dans la vaste salle à manger qui tient quatre-vingts couverts. Comme il ne fut admis dans cette salle à manger que Guillaume II, Nicolas II et le grand-duc Michel, tous les autres voyageurs durent se faire servir sur le pont. Heureusement, le temps était beau et la mer belle.

A travers les glaces de la salle à manger, les convives pouvaient considérer à leur aise les deux empereurs et le régent possible de la Russie. Le moment était grave et il semblait bien à tous que ces trois hommes, dans la crainte des oreilles qui écoutent derrière les portes des cabines, n'avaient pas choisi cette immense pièce, où ils n'avaient à craindre aucune indiscrétion, pour s'y entretenir du pseudo-attentat de Pobiedonostzeff...

Le café au lait dura deux heures, puis les trois illustres personnages s'en furent rapidement inspecter le croiseur *Berlin*, qui accompagnait le *Hohenzollern*. Ils retournèrent enfin, à une heure vingt-cinq, sur l'*Etoile-Polaire*. A deux heures, le déjeuner était servi. Il fut des plus gais et les vins étaient exquis. La bonne humeur qui n'avait jamais cessé d'accompagner, du reste, les pas impériaux, se donna libre cours.

Remarque intéressante : *à table, on n'a parlé que français*. Il y eut, de la part des deux empereurs, deux toasts rapides de bonne santé et de prospérité. Le déjeuner a duré jusqu'à cinq heures. Les deux empereurs ont demandé qu'on dressât la liste des personnes présentes, qui recevront ultérieurement les « ordres » de Leurs Majestés.

Guillaume II regagna le *Hohenzollern*, et, à cinq heures trois, l'*Etoile-Polaire* leva l'ancre, prenant la direction de Peterhoff, où le tsar débarquait, à dix heures du soir.

Pendant ce retour, son attitude était celle d'un homme heureux. Elle fut d'autant plus remarquée que la situation un peu difficile, et surtout inattendue, dans laquelle l'avait mis le geste de Guillaume II, avait fait pronostiquer à tout le monde qu'il reviendrait de Bjoerko de fort méchante humeur.

20 Juillet 1905

UNE VICTOIRE DE ROULETABILLE

Nous avons pensé qu'il était piquant de citer ici les quelques lignes que Gaston Leroux, vingt ans plus tard, écrivait pour Une heure de ma Carrière, *au sujet de cette information qui fut très démentie.*

« Quand j'étais reporter, c'est-à-dire quand j'étais Rouletabille, on se livrait, entre envoyés spéciaux de tous pays, de courtoises mais acharnées batailles sur le terrain des informations. Je veux en rappeler une — et je le ferai avec d'autant plus de plaisir que j'en suis sorti vainqueur — où cet esprit de malice et de déduction qui a fait, dans mes romans, la réputation de mon héros, se rencontre, chez le jeune informateur que j'étais alors, d'une façon assez singulière.

C'était à Pétersbourg, à la fin de la guerre russo-japonaise. On était alors dans une certaine inquiétude relativement à la nouvelle orientation que la Russie pouvait donner à sa politique... M. Witte était au pouvoir, et Berlin se montrait plein d'amabilité pour Saint-Pétersbourg. Un matin, je vais trouver notre ambassadeur, M. Bompard, et je lui fais part d'une nouvelle si énorme, qu'il se refuse à y croire !... M. Bompard est un esprit des plus ouverts, dénué de tous les préjugés de caste, et qui ne fait pas fi des journalistes, bien au contraire... Il me fit l'honneur de m'inviter à sa table... « Tout de même, me dit-il, une histoire pareille!... Ça se saurait!... »

Je lui annonçais tout simplement une prochaine entrevue entre le Tsar et Guillaume II.

— Enfin! D'où tenez-vous un renseignement aussi invraisemblable?

— Impossible de vous le dire, Monsieur l'ambassadeur!... J'ai juré le secret!... Mais je suis sûr du fait!...

Et le jour même, je le télégraphiais au *Matin.*

Ce fut un tollé général... Je fus démenti par tous mes confrères et par les agences... Le ministre des Affaires étrangères russes, Lamsdorf, répondit aux journalistes, rassemblés dans son cabinet, en engageant sa parole d'honneur que la nouvelle était fausse. Le soir, au restaurant de l'*Ours,* mes confrères m'offraient un champagne de consolation.

Le *Matin* me télégraphia en me demandant

si je maintenais mon information... Je lui répondis : « Envers et contre tous. »

Je revis l'ambassadeur qui me dit :

— Vous pensez bien que s'il devait y avoir une rencontre entre les deux empereurs, le ministre des Affaires Etrangères le saurait... On s'est moqué de vous !

Tout de même, mon calme parut l'impressionner...

M. le premier ministre Witte arriva sur ces entrefaites à Paris, se rendant à Portsmouth, où il allait signer le traité de paix avec le Japon. Il fit une déclaration à la Presse, affirmant qu'il n'avait jamais entendu parler, lui, premier ministre, d'une pareille rencontre !...

Nouvelle dépêche du *Matin,* nouvelle réponse ! « Rien n'est changé concernant la prochaine entrevue des deux empereurs. Elle aura lieu !... » *Et je fixais le jour et l'heure !...*

Et elle eut lieu !... Elle eut lieu dans les eaux de la Baltique, à bord du yacht du Tsar, l'*Etoile-Polaire,* que rejoignit le yacht de Guillaume II... Entrevue des plus importantes à la suite de laquelle Nicolas II retomba, pour quelque temps, sous l'influence de son tout-puissant voisin de l'Ouest... Sa défaite dans les plaines de Mandchourie ne le prédisposait que trop à cet acte de faiblesse... L'affaire avait été réglée entre les deux chefs d'Etat en *dehors de tout le personnel politique et diplomatique...*

Ce qu'ignoraient le premier ministre, le ministre des Affaires Etrangères, et les ambassadeurs, comment le savais-je?... De la façon la plus simple du monde!... Nicolas II pouvait cacher à un ministre qu'il allait se rencontrer avec Guillaume, mais il était bien obligé de dire à son chef de la bouche, que tel jour, à bord de son yacht, il donnerait un dîner de gala avec toute la somptuosité et toute l'étiquette que comporte la présence d'une majesté impériale!...

Et Rouletabille, par principe et par gourmandise, était très bien avec les deux chefs des cuisines de l'empereur, de vrais seigneurs, là-bas, qui commandaient à une armée de marmitons... Il allait souvent déjeuner à leurs villas de Peterhof ou de Krasnoié-Sélo; c'est là qu'il avait établi sa source d'informations.

C'est là qu'il recueillait les nouvelles les plus rares. Cette fois, on lui avait confié à l'oreille le grand secret.

Les chefs de cuisine étaient deux personnages : Cubat et Poncet, qui se relayaient tous les quinze jours...

Aussitôt après l'entrevue, l'empereur ordonna une enquête. Le grand maréchal de la Cour en fut chargé.

Le domaine de l'enquête était restreint à l'entourage impérial... On sut bientôt que j'avais été renseigné par les cuisiniers...

Cubat reçut une semonce terrible. Il en tremblait encore en m'en parlant. Il n'y comprenait rien... c'était Poncet qui m'avait tout dit.

Huit jours plus tard, quand ma victoire ne fut plus discutée, c'est moi qui offris le champagne à mes confrères de la Tamise !

« ÇA COLLE AVEC L'ALLEMAGNE »

Il n'y a plus rien à espérer pour la paix.

Il convenait d'attendre que quelques jours.
se fussent écoulés depuis l'entrevue des deux
empereurs pour qu'il fût possible d'émettre un
avis relatif aux hypothèses qu'elle a soulevées.

La situation peut se résumer en quatre mots :
« Ça colle avec l'Allemagne. »

Je vous ai dit la quasi-certitude où on se trouvait ici que, en ce qui concerne les affaires de
paix ou de guerre, l'intervention de Guillaume
ne pouvait être que néfaste. Le secret a été bien
gardé sur les termes mêmes de l'entrevue.
Quant à son esprit, le plus aveugle et le plus
sourd verrait et entendrait.

On n'entend plus aux états-majors, dans les
salons politiques, dans les milieux qui se prétendent renseignés, et qui m'ont prouvé plusieurs fois qu'ils l'étaient en effet, que des rai-

sonnements par lesquels il est démontré que la paix, dans les conditions actuelles, serait la plus formidable des fautes.

« Rien ne nous force, disent-ils, à signer une paix honteuse! » C'est le mot qui court aujourd'hui l'empire.

Le tsar vient de lui donner un nouvel élan en répondant officiellement à une adresse des popes de l'arrondissement d'Orenburg: *qu'on pouvait compter sur lui, qu'il ne signerait jamais cette paix honteuse.*

Où commence, où finit la honte pour un pays qui s'est battu héroïquement, dans les conditions les plus difficiles?... La honte n'est nulle part, puisque partout l'honneur est sauf. Port-Arthur était une place forte russe, dans toute l'acception du mot. Jugera-t-on qu'il est honteux de l'abandonner aux Japonais? Et cependant c'est la première partie du programme de paix qu'il faudra bien accepter; on ne la discute même plus.

Non. La vérité est que le parti de la guerre a ressaisi tout son empire et que c'est lui qui fait entendre maintenant sa voix, sa voix qui crie : « Une paix en ce moment est honteuse, quelle qu'elle soit. » Les Japonais, du reste, ne s'y trompent pas. Nous savons, ici, qu'ils prévoyaient ce retour d'opinion et d'influence. Ils ont répondu au président Roosevelt qu'ils étaient prêts à faire cette paix et qu'elle était l'objet de leurs plus chers désirs; mais ils avaient, depuis de longues années, suffisamment l'expérience de la Russie pour se douter qu'ils n'y touchaient point encore, et ils ont continué à tout préparer pour la phase normale de la lutte qui devait suivre la prise de Moukden et la défaite de Rodjestvensky.

On dira : « Mais quel est cet aveuglement, de la part des Russes, de continuer à l'extérieur une lutte qui sera rendue impossible, non seulement par les événements de la guerre, mais encore par les difficultés intérieures? » Je crois, quant à moi, que, si la continuation de la guerre est décidée, on tient tout prêt un projet destiné à calmer l'effervescence des esprits, à atténuer le désastreux effet de la Constitution telle que l'avait conçue M. Bouliguine. Quasi officiellement, on annonce que la Constitution Bouliguine, dans son mode d'élections, va être profondément modifiée. Ce gage, vaguement promis depuis plusieurs jours à la révolution, on le tient en réserve. Que la guerre continue, on le lui donnera. Est-ce que l'histoire de Russie ne nous apprend pas qu'il est des circonstances où on a trouvé sage d'abandonner des libertés qui n'ont vécu que l'espace de ces circonstances-là ?

Que la paix soit conclue, on gardera le gage par devers soi, et la lutte à outrance contre la révolution sera au moins tentée.

Nous serons fixés prochainement. On peut compter les jours.

L'assemblée des ministres, présidée par l'empereur, qui vient de se tenir à Peterhoff, a modifié d'une façon fort importante, comme je vous le faisais prévoir, le projet de Constitution Bouliguine. Le mode d'élections répond davantage aux vœux du congrès des zemtsvos. C'est là le gage dont je vous ai entretenu ; c'est aussi la continuation de la guerre.

On annonce, pour demain, un manifeste de l'empereur et la promulgation de la loi sur l'Assemblée nationale. C'est presque certain. On dit même que l'ukase sera livré à la publicité à dix heures du matin, et lu dans toutes les églises, car c'est demain jour de fête.

Un tel événement, depuis si longtemps attendu, ne saurait que précéder, de fort près, la rupture des pourparlers de Portsmouth, et me confirmer dans cette conviction que la paix n'est pas considérée, ici, comme possible.

C'est toujours le même système : donner d'une main et frapper de l'autre. Si on avait quelques illusions sur l'intelligence des mesures auxquelles s'est résolu le pouvoir, on en est vite réduit à constater que rien n'est changé dans le plus autocratique et le plus arbitraire des gouvernements à l'heure même où, après le manifeste d'hier, tous les partis semblent vouloir accorder quelque crédit à la bonne volonté officielle.

Des actes comme celui-ci découragent tous

les espoirs, en même temps qu'ils font regretter que le tsar qui exprime, d'une façon si loyale, son désir des réformes, ait pour les exécuter des serviteurs qui les combattent avec un cynisme si traditionnel. Hier, se sont réunies, chez le savant historien Milioukoff, plusieurs personnes parmi lesquelles le vieux professeur Brandt, le célèbre professeur Cordeenko Oulman, directeur d'une des plus grandes sociétés d'électricité à Saint-Pétersbourg; Galerkine, ingénieur. La police est venue et les a tous arrêtés, y compris Milioukoff. Ils sont actuellement en prison; on les relâchera dans quelques jours, mais ils seront poursuivis devant les tribunaux, ce qui, conformément au paragraphe 7 des dispositions sur les élections, *les empêchera d'être électeurs pour le mois de janvier.* C'est ainsi que l'administration essaie d'éliminer les personnages influents dont elle a peur.

Quelle est cette aberration du pouvoir, au lendemain du jour où chacun semblait prêt à lui accorder crédit, de se ruer à des mesures de police telles qu'il n'y a plus qu'une voix pour déclarer que, au lieu d'un rapprochement du peuple avec l'autocratie, c'est la lutte à outrance qui commence!

Les ordres les plus sévères rayonnent, en ce moment, à travers l'empire.

En somme, le pouvoir, par la maladresse inouïe de ses actes, semble vouloir rejeter loin de lui les hommes de bonne volonté. Il voudrait démontrer que, après avoir accordé l'élection d'une Assemblée nationale, il supprime de fait la liberté d'élection, qu'il n'agirait pas autrement.

Cette maladresse va jusqu'à frapper l'armée, dont il va avoir plus que jamais besoin. La discipline n'est déjà pas si grande. Certains régiments de la garde ont fait entendre des protestations; enfin, aujourd'hui, à Tsarskoïé-Selo, le 1ᵉʳ régiment de hussards a mis à la porte ses sous-officiers et s'est enfermé dans ses baraquements. A cette heure, il refuse de recevoir son colonel. Je sais bien qu'on déclare qu'il n'y a point de politique dans cette affaire, qu'il ne s'agit que d'une réclamation des troupes sur l'ordinaire et d'une révolte contre des sous-officiers voleurs, mais tout de même, c'est par une affaire de soupe qu'a commencé l'aventure du *Potemkin*. Si le gouvernement continue à voir si peu clair dans ses véritables intérêts et à renier de parti pris son geste libéral, il ne faut pas se dissimuler que nous sommes menacés des pires catastrophes.

Août 1905

APRÈS LES MASSACRES DE JUIFS

Depuis le retour de M. Witte, on ne compte plus les fausses nouvelles, qui nous viennent d'Occident, relatives à des combinaisons politiques susceptibles de changer la face du monde. Une sorte de course au clocher, à en croire les journaux les plus sérieux, semble se livrer entre l'Angleterre et l'Allemagne qui, toutes deux, auraient résolu d'atteindre, coûte que coûte, ce but, que nous avons déjà touché : l'alliance russe, ou tout au moins une entente diplomatique engageant l'avenir.

Ici, on n'a pas été peu étonné de voir avec quelle facilité on ajoute foi, en France, au bluff de la presse allemande. Certes, le désir de l'Allemagne d'obtenir les bonnes grâces de la Russie est certain ; elle y travaille avec âpreté, l'attitude du kaiser, au passage de M. Witte, le prouve, et les paroles de M. Witte, plutôt disgracieuses pour la France, et en tout cas maladroites, prononcées devant un journaliste français, ont donné quelque espoir, ici, aux germanophiles.

Mais il y a loin de la coupe aux lèvres, et, si l'on ne doit pas se dissimuler que M. Witte est l'homme le mieux choisi pour faire le jeu de l'Allemagne, ce serait tomber dans une étrange erreur que de lui accorder une telle influence sur la politique étrangère russe qu'il lui soit possible d'en changer complètement l'orientation.

M. Witte, me disait un des premiers personnages de l'empire, cet après-midi, a été tout à fait enivré par l'encens que lui a brûlé sous le nez Guillaume II, et, s'il a été reçu à la cour allemande comme un souverain, il a été reçu auprès du tsar comme un sujet. On l'a félicité, m'a dit ce personnage, on l'a nommé comte, et il est certain maintenant que M. Witte sera le premier personnage politique que l'on abandonnera aux aventures de la Douma; mais soyez certain que l'empereur gardera toute son initiative personnelle dans le cercle des affaires étrangères.

A ce propos, puisque je vous ai annoncé la résolution que l'empereur a prise de constituer un cabinet à responsabilité collective, il est opportun que je vous donne sur ce projet de cabinet certains détails très précis. Je les ai entendus de la même bouche qui, tout à l'heure, m'entretenait de la politique étrangère russe, et le secret dont ils ont été entourés jusqu'ici est une garantie de plus de la véracité de toutes les déclarations précédentes.

Le Conseil des ministres russe aura cette singularité d'être effectivement présidé par le Président du Conseil. On ne verra donc point cette différence qui existe chez nous entre ce qu'on appelle conseil des ministres et conseil de cabinet. Tous les ministres s'y trouveront. Cependant, trois de ceux-ci, les ministres des Affaires étrangères, de la Guerre et de la Marine, ne relèveront point directement de l'autorité du président du Conseil : c'est à l'empereur qu'ils porteront personnellement leurs rapports, et une crise ministérielle frappant la politique du chef du cabinet et emportant le cabinet ne saurait les toucher. Quant à tous les autres ministres, ceux de l'intérieur, des finances, de la justice, des voies et communications, etc., qui, jusqu'ici, avaient affaire directement à tour de rôle, avec l'empereur, ils relèveront du président du Conseil qui centralisera entre ses mains tous les rapports et les portera lui-même à Sa Majesté. En somme, le rôle de ces derniers ministres se réduirait à celui de directeurs de départements d'Etat.

Aussi, je vous laisse à penser les colères que soulève, ici, un pareil projet. Petits rois dans leurs administrations, les ministres actuels ne veulent point se résoudre à envisager qu'ils seront attaqués, contrôlés, renversés, et surtout qu'ils seront sous les ordres de M. Witte.

Songez donc qu'ici, les ministres ne se réunissent jamais, jamais! Ils ne se voient, de-ci, de-là, qu'auprès d'un cadavre... du cadavre de celui d'entre eux qui vient d'être assassiné.

Chacun fait plus ou moins ses affaires de ministre, sans se préoccuper du voisin.

Ils n'ont pas l'habitude de travailler ensemble. Ils vont à hue et à dia, se heurtant, se gênant, se bousculant.

L'un d'eux s'écriait hier : « Qu'avons-nous besoin de M. Witte, d'un Conseil des Ministres et d'une Douma? Nous n'avons pas le temps de faire de la politique. »

Les drames effroyables de Kieff, de Kichineff et d'Odessa avec leurs massacres de juifs font craindre à certains des journées aussi sanglantes dans la capitale de l'empire. Sur les murs de la ville on avait affiché, hier, la mort en masse des juifs et des intellectuels. L'affaire a été, paraît-il, renvoyée à cette nuit.

Les juifs, en grand nombre, ont quitté Saint-Pétersbourg. La gare de Finlande est envahie; les trains ne sont pas assez nombreux pour les transporter. Chacun s'arme; les magasins d'armuriers ont été vidés, il n'y a plus un revolver à vendre.

Les étudiants s'organisent pour parer aux attaques prévues de la contre-révolution, et les ouvriers eux-mêmes ont fait savoir que, si les massacres annoncés se produisaient, ils se précipiteraient dans la ville et sauraient bien rétablir l'ordre. Mais il est certain qu'on n'aura pas besoin d'eux pour cela, et mon opinion, après mon enquête de cet après-midi, est qu'aucune collision ne se produira.

Les heures rouges qui ont vu le crime antisémite dans les lointaines provinces ne sauraient sonner ici. L'administration, qui pouvait, à cette distance, se dire impuissante, n'aurait point, ici, cette excuse toujours prête. Une telle abomination dans la capitale serait, vis-à-vis de l'Europe, un aveu si formidable de définitive désorganisation du pouvoir, que je suis persuadé qu'il n'y a rien à craindre...

A Moscou, les marchands ont créé une milice spéciale. Les brèves dépêches qui nous parviennent de Bakou et du Caucase sont sinistres. En Pologne, nous sommes à la veille d'un soulèvement tellement formidable que le gouvernement, par la bouche de M. Witte, vient, aujourd'hui même, de promettre aux délégués polonais une quasi-autonomie qui confinerait à l'indépendance.

La situation apparaît des plus tristes dans toute l'étendue de l'empire. Les assassinats, les massacres, les pillages et les incendies ne se comptent plus.

Des troupes de loqueteux aux mines hâves et apeurées errent de tous côtés à la recherche de quoi vivre et d'un abri. Dans tout le pays, c'est la misère et la désolation. Bientôt, ce sera la famine avec l'hiver.

Octobre 1905

BALAKHANY

Balakhany!... C'est ici que furent massacrés des milliers d'Arméniens!

Nul habitant de Bakou n'était retourné à Balakhany depuis l'effroyable chose. J'y fus, dès le lendemain de mon arrivée à Bakou.

A la sortie de l'horrible petite gare se trouvait un cocher tartare avec ses deux haridelles, et nous entrâmes tout de suite dans l'écroulement des ruines chaudes, dans l'enchevêtrement inouï des décombres fumant encore. Ah! si les cadavres des combattants ont disparu, les cadavres des choses restent. Sur des kilomètres carrés se dressent d'étonnants squelettes de machines. Si loin que le regard s'étende, on aperçoit les formes étranges, les silhouettes fantastiques de mille choses calcinées. Nous pouvons contempler cette dévastation à loisir... nous sommes seuls... Les Arméniens sont morts ou ont fui, les Tartares se sont retirés tout là-bas, au fond de leurs villages, derrière la colline qui borne l'horizon, au bout du désert de sable. Pas un soldat...

Les sentiers sont noirs de suie, humides du naphte qui suinte encore des conduites de fer crevées. Comme le feu torture les choses! Quelles courbes étonnantes il impose à la ligne droite, et avec quelle désinvolture il redresse les courbes! On ne reconnaît plus rien à rien. On ne sait plus ce que ça est, ce que cela a été. A quelles combinaisons, à quels jeux la flamme s'est-elle livrée? Où est-elle allée quérir des matériaux aussi disparates pour opérer de semblables mélanges? Elle a cherché la difficulté. Elle a noué le fer des nœuds les plus méticuleux. Elle a dénoué aussi. Et la fumée rousse monte de partout avec une odeur qui n'est point seulement de pétrole et de bois brûlés. Que si tant de cadavres n'ont point laissé de traces apparentes, c'est qu'il faudrait remuer les cendres... Il en est beaucoup de ces Arméniens qui flambèrent vivants, derrière leurs murs; mais tous ceux, tous ceux que les Tartares tuèrent sur les routes et dans les sentiers, à coups de fusil, à coups de poignard, furent traînés, après le départ des soldats, attachés à la queue des chevaux, jusqu'à des bûchers improvisés en hâte... Et tous ceux que l'on traînait ainsi, sans doute, n'étaient point morts. Les Tartares les arrosaient de naphte, et des lueurs nouvelles s'ajoutaient à tant d'autres lueurs.

Nous avançons avec peine, à cause de l'encombrement des chemins ; nous enfonçons dans des bourbiers infâmes, gluants, de choses sans nom. A notre passage, maintenant que nous sommes déjà loin de la station et de toute surveillance militaire, quelques Tartares, fouilleurs de décombres, se dressent devant nous, glissent derrière les pierres et disparaissent comme de sinistres oiseaux dérangés dans un festin de charogne. Puis, au bord du chemin, sous une conduite de fer, penchées sur le fossé, trois femmes accroupies sont là, muettes, plongeant des torchons dans le liquide et les tordant ensuite au-dessus des seaux qu'elles ont apportés. Besogne lucrative, au prix où est le pétrole aujourd'hui...

Marchons encore; il faut contourner les entrailles des « derricks » effondrés, éviter les chevalets menaçants, les treuils et toute la ferraille du forage, et enjamber les longues cuillers, les « jélonkoï » tordues. Depuis longtemps nous avons abandonné la voiture et le cocher tartare. Les jambes des chevaux s'enchevêtraient dans les fils des téléphones tombés au travers du chemin. Maintenant nous sommes au milieu des réservoirs. A notre droite, à notre gauche se gondolent d'étonnantes cuves molles. Ceci a été très fort et très rigide; ces bassins de fer ont été boulonnés sur place. Les voici, maintenant, affalés comme des seaux de toile et de corde, ou comme un chapeau haute-forme, un lendemain de noce.

Mais où donc finira cette ruine? Quelle ville était-ce donc là, et quelles richesses incalculables cache cette terre qui nous montre une pareille accumulation d'engins destinés à les lui arracher? Allons toujours et enjambons, enjambons; regardons le rampement sournois des milliers de kilomètres de tubes crevés, serpents noirs éventrés où circulait, il y a quelques jours encore, le liquide précieux, source intarissable de vie, de force, de chaleur et de lumière, boas géants qui semblent palpiter encore, ici, laissant tomber des lambeaux de peau flasques, là, redressant leurs nœuds tordus dans un spasme de fer, bêtes apocalyptiques, annelés fabuleux qui, pour mourir, se sont désespérément entrelacés, broyant tout sous eux, maîtres souverains de cette terre qu'ils tiennent embrassée dans leurs cercles hideux, et qui meurt elle-même de leur agonie.

Nous sommes aux temps barbares, aux heures les plus sanglantes de la Horde d'Or. Surtout ne pensez point que toutes les abominations viennent des Tartares. Les Arméniens en ont leur compte. Je me garderai de juger les uns ou les autres, d'établir des responsabilités, et à plus forte raison des culpabilités. Ce serait stupide. De pareilles forces contraires, dont la mise en mouvement est aussi lointaine et aussi mystérieuse que la création du monde, ne sauraient être ni coupables ni responsables. *Elles sont;* et voilà tout. S'il faut absolument chercher, pour les amis de la justice distributive, un coupable, j'estime qu'on ne saurait le trouver que dans celui qui, connaissant ces deux forces, pouvait en éviter, en retarder ou en atténuer le choc, et n'a rien fait pour cela.

Le coupable, c'est le gouvernement russe.

Octobre 1905

LES DEUX CANONS...

Hélas! j'ai raté cela: le bruit des deux
canons de Bakou!

Ils se sont tus. Dommage. J'ai vu des fu-
sils, des baïonnettes, des kandjars. J'ai même
vu des coups de couteau, mais je n'ai pas entendu les coups de canon, les coups des deux
canons de Bakou. M'en consolerai-je? Nulle-
ment. La fusillade fut tragique, la canonnade
fut gaie. Et il faut toujours regretter de
n'avoir pas ri. Ces deux canons n'ont tué
personne, mais ils ont fait rire tout le monde.
Le tsar avait télégraphié : « Il faut être éner-
gique! » Alors le gouverneur avait sorti ses
deux canons.

Arméniens et Tartares n'avaient plus qu'à
se bien tenir.

On vit d'abord, quand Balakhany fut rede-
venu à peu près calme, c'est-à-dire quand il ne
resta plus rien à brûler et à piller, les deux

canons se diriger vers le village tartare, sous la haute protection du général Svetloff. Les principaux du village accoururent à l'appel de ce dernier, qui leur tint *textuellement* ce langage :

« Messieurs, vous êtes coupables d'avoir tiré des coups de fusil et d'avoir incendié. Vous le reconnaissez, ça va bien! En outre, vous avez pillé, *et je compte sur vous, qui êtes des gens honnêtes, pour rendre les objets que vous avez volés!* »

Ces Tartares honnêtes considérèrent avec sang-froid la gueule des canons du général Svetloff *et ne rendirent rien.*

Quand le général eut ainsi parlé, les deux canons s'en retournèrent en silence. Ils estimaient sans doute, qu'après le petit discours de leur maître, il était inutile de rechercher des effets d'éloquence.

Ne croyez pas que les deux canons de Bakou sont des canons qui ne « partent » pas. Ils partent, puisqu'ils s'en vont.

Ils sont encore bien plus drôles quand ils restent et qu'ils « partent » tout de même.

Le gouverneur de Bakou a dit : « Vous ferez partir les canons contre toute maison d'où l'on aura tiré. »

A peine a-t-il prononcé ces mots, qu'un coup de fusil éclate à son oreille. Quelqu'un entre qui dit : « On a tiré sur la maison du gouverneur, de la maison Aranicantz. »

En avant, les deux canons! les deux canons de la répression! On les braque sur la maison Aranicantz, habitée par M. Mequart, chargé des intérêts anglais. Il n'y a, là, que des étrangers, la plupart des Anglais, et quelques dames qui prennent le frais sur le balcon. Elles ne regardent point sans intérêt la manœuvre des deux canons. Tout à coup, les deux canons s'arrêtent et, en même temps qu'ils s'arrêtent, cette fois, ai-je besoin de le dire? ils partent!

Ces dames fuient le baiser de la mitraille, et elles ont bien raison. Sur ces entrefaites, un homme de bon sens fait comprendre au gouverneur que les Anglais n'ont aucune raison pour tirer sur sa maison, qu'il y a certainement erreur et que l'affaire peut devenir grave. On ordonne de cesser le feu. Il était temps. Jamais je n'ai vu maison mieux mitraillée. Cependant les deux canons n'ont tué personne, parce que ce sont des canons rigolos.

En somme, les deux canons de la répression, qui ont le sentiment de leur responsabilité, n'ont jamais tiré contre les Tartares ou contre les Arméniens. Ils ne se sont occupés que des étrangers, et encore, après les avoir effrayés, ç'a été pour les faire rire.

Mais, je n'en ai pas fini avec les deux canons. Ecoutez encore cette histoire.

Un coup de fusil part d'une maison située non loin de la maison Zeitz, maison danoise occupée par des Anglais et des juifs. La maison Tagieff (M. Tagieff est le plus richissime des Tartares ; sa fortune se compte par cent millions de roubles), la maison Tagieff, dis-je, se croit en danger. On téléphone à la police que l'on a tiré sur la maison Tagieff. Sur quoi les deux canons arrivent avec le pristaff et s'installent non loin de la maison Dildaroff. Suivez-moi bien. Il y a quatre maisons et deux canons : 1° la maison d'où l'on a tiré (celle-ci, vous pouvez l'oublier, elle ne sera pas inquiétée) ; 2° la maison Tagieff, sur laquelle on a tiré (vous pouvez l'oublier aussi, on ne tirera plus dessus) ; 3° et 4° les deux maisons Zeitz et Dildaroff. Les deux canons sont entre ces deux maisons. Quelqu'un qui passait et qu'on n'a plus revu a dit : « On a tiré *de la maison Zeitz.* » En faut-il davantage? Feu! Les deux canons bombardent la maison Zeitz et aussitôt la police l'envahit. Surprise! Si la maison Zeitz, en temps normal, est occupée par des Anglais et des juifs, en ces temps de troubles elle n'est habitée par personne. La maison Zeitz est vide. Furieux, le pristaff se retourne vers la maison Dildaroff. Les deux canons suivent le mouvement. Il faut bien, n'est-ce pas, qu'on ait tiré de quelque part? Il n'y a pas de raison pour que ce ne soit pas de la maison Dildaroff. Et, sur l'ordre du pristaff, les deux canons s'apprêtent à tonner. M. Dildaroff se précipite, supplie les artilleurs, l'officier, le pristaff. Finalement, le pristaff lui dit:

— Donnez-moi deux mille roubles, *à titre*

d'amende (!), et je ne canonne pas votre maison !

M. Dildaroff s'écrie :

— Mais je n'ai pas chez moi deux mille roubles !

— Signez-moi un effet, répond avec sang-froid le pristaff.

— Vous songez à tout, réplique avec reconnaissance M. Dildaroff, en entraînant le pristaff dans son bureau.

Cinq minutes plus tard, le commissaire de police du quartier sortait du bureau avec une traite de deux mille roubles à six mois !

... Et qu'on vienne me dire que ça n'est pas vrai.

Si, dans ce pays de Cocagne, on peut faire assassiner *sans danger* un monsieur qui vous gêne pour cinq roubles, on peut également faire relâcher l'assassin par le commissaire de police pour vingt-cinq roubles (j'ai des témoins). C'est ce qui en rend le séjour si agréable. Ainsi arrive-t-on à un délicieux état d'anarchie et ainsi s'explique que le gouvernement, renonçant, à faire une paix qu'il a rendue impossible par la faiblesse et par la vénalité de son administration, ne trouve d'autre solution aux crises aiguës entre Tartares et Arméniens que celle qui consiste à les laisser s'armer officiellement les uns contre les autres. Que si vous me demandez : Reverrons-nous de pareilles tueries? je vous répondrai : Evidemment! Ce n'est pas en établissant une prime à l'assassinat de part et d'autre (Mutual Assassination Company illimited), système jugé admirable par le vice-roi, qu'on fera cesser ces horreurs. Il faudrait là-bas une administration forte, régulièrement organisée et juste. Mais, hélas! il n'y a aucune raison pour que cette administration-là soit plutôt à Bakou qu'ailleurs.

Octobre 1905

LE TIERS-ÉTAT RUSSE

Voilà donc la Révolution russe. J'avais affirmé qu'elle était prête, organisée partout, chez le bourgeois comme chez l'ouvrier, demandée par tous, par le noble, par le paysan, par le soldat. Mais combien n'ont pas voulu croire que la chose fût possible! Combien ont souri à l'évocation de la Révolution! C'est de France, vieille terre de la liberté, que venait la parole la plus sceptique. « *Ils ne sont pas mûrs!* » Une des niaiseries les plus étonnantes qui aient été proférées par la presse d'Occident était celle-ci : « *Vous ne pouvez rien attendre de la révolution en Russie; il n'y a pas de Tiers-Etat!* »

Or, moi, je vous ai dit et je vous répète qu'en Russie, il n'y a que cela, le « Tiers-Etat! »

Affirmer qu'en Russie il n'y a que le Tiers-

Etat mérite que l'on s'explique. Je veux avant tout m'élever par une telle assertion contre ceux qui ne connaissent la Russie que de loin, par l'éclat scandaleux du haut arbitraire gouvernemental et administratif et par sa misère paysanne. Pour l'Occident en général et pour la France en particulier, la Russie apparaît ainsi : en haut, les grands et petits fonctionnaires de la couronne, gangrenés par tous les vices qu'engendre le gouvernement autocratique; en bas, l'homme des campagnes, fruste, ignorant et fanatique. Entre ces deux points extrêmes, un trou. Regardez donc dans ce trou : vous y découvrirez le Tiers-Etat, sans lanterne.

Là, vous dis-je, est la véritable Russie, sa force, sa richesse, son intelligence, le peuple qu'il faut aimer. C'est ce peuple-là qui est notre frère et qui nous vaut bien; c'est en lui que se développe le destin russe à travers les âges; le reste sur quoi vous avez uniquement les yeux fixés, la pourriture d'en haut et la misère d'en bas ne sont heureusement que choses passagères.

Mais l'unanimité de la révolution à laquelle nous assistons ne peut s'expliquer que par la puissance de ce corps solide et riche de la nation, qui a porté si longtemps l'autocratie sur ses épaules et qui la prie un peu rudement, à cette heure, d'en descendre. Ce n'est pas un paradoxe que de prétendre que le Tiers-Etat russe est plus fort à cette minute critique de la révolution qu'il l'a été chez nous en 1789. Il a moins d'obstacles à briser. Oui, dans la lutte qu'il va avoir à soutenir contre les défenseurs de l'ancien Etat, le Tiers-Etat russe aura cet avantage sur le nôtre d'avoir à renverser des barrières moins solides que celles qui séparaient le Tiers-Etat français de la noblesse et du clergé. Certes, la noblesse existe ici avec ses privilèges héréditaires, mais on ne saurait la comparer en bloc à la caste si exceptionnellement fermée de nos gentilshommes. L'*opritchnina* d'Ivan le Terrible, brisant la noblesse russe en pleine féodalisation et la réduisant à l'état de servante de l'autocratie, la faisant entrer tout entière dans l'administration — civile ou militaire — et lui distribuant les domaines des autres suivant l'importance des charges acceptées, a fait que le Tiers-Etat d'aujourd'hui aura moins, en réalité, à combattre la noblesse que cette éternelle administration, dans laquelle on peut entrer actuellement sans être noble. De là, du reste, cette haine et ce mépris que grands et petits tchinovnicks professent les uns pour les autres, haine et mépris qui aideront ladite administration à tomber en poussière. Cette surprenante *centralisation de tous les moyens du pouvoir,* dont aucun roi absolu n'a pu chez nous concevoir même l'idée, et qui a été réalisée dans toute sa force et dans toute son horreur par Pierre-le-Grand, a réduit également ici le clergé à néant. On peut dire que la fin du patriarcat de Moscou a été la fin du clergé russe. Domestiqué comme tout le reste, lui aussi est entré dans cette administration-département de l'Eglise orthodoxe qui a pour chefs un civil, le procureur du Saint-Synode, et un militaire, le tsar.

Ni clergé, ni noblesse : bureaucratie contre Tiers-Etat, un contre un et bientôt zéro contre un. Car on peut dire que l'immense majorité des commerçants, des industriels est libérale, bien décidée à supporter les maux d'une anarchie passagère pour se débarrasser d'une façon définitive du désordre autocratique.

Le *marchand*, aujourd'hui, exige autre chose que l'épouvantable oppression administrative dont il s'est contenté jusqu'à ce jour, n'en tirant aucun bénéfice, pas même celui de la sécurité. Maintenant, ça ne lui suffit plus comme gouvernement. Si, sur des points secondaires, les marchands sont en désaccord, les uns ne voulant point rompre entièrement avec le passé, les autres désirant bâtir un avenir de toutes pièces et briser avec la tradition, cependant tous réclament l'avènement du Tiers-Etat aux affaires publiques. Les plus avancés sont souvent les plus riches, ceux qui ont le plus à gagner à l'ordre. Le parti des « jeunes marchands » est entièrement libéral. A Moscou, les marchands archimillionnaires, les Marozoff, les Bibouchinsky, etc., sont libéraux.

L'industriel n'est pas moins mécontent, c'est-à-dire moins libéral que le marchand.

Cherchez le Tiers-Etat à la campagne, vous le trouverez chez tous les grands propriétaires fonciers *qui ne sont pas au service du gouvernement,* et chez tous les petits. Le Tiers-Etat est encore représenté par la classe de tous les petits ouvriers commerçants qui ne travaillent pas dans les fabriques, les maçons, les charpentiers, les menuisiers, les peintres en bâtiment, etc. Cette classe est aussi éclairée sur ses intérêts que la classe correspondante française en 1789, et s'est constituée en sociétés, en associations quelquefois très puissantes et riches, en « cartels », comme on dit ici. Elle y a trouvé une force collective qui étonne l'Europe. Mais je ne m'attarde point aujourd'hui à cette question. J'aurai l'occasion de revenir sur l'organisation professionnelle qui, en Russie, est merveilleuse, et en même temps nous aborderons le chapitre des paysans. Aujourd'hui, j'ai voulu uniquement vous parler de ce Tiers-Etat qui n'existe pas, paraît-il, en Russie. Il faut ignorer toute l'histoire slave. Mais de quoi donc aurait vécu l'autocratie?

Ecoutez. C'est le Tiers-Etat qui payait à forfait l'impôt mongol aux princes de Moscou, fermiers généraux des envahisseurs, et sauvait ainsi le peuple slave d'une « tartarisation » farouche. C'est le Tiers-Etat qui, lorsque la puissance de la Horde d'Or se fût évanouie, en récompensa les princes, si j'ose dire, en continuant à les laisser percevoir sur lui l'impôt formidable dont ont vécu les tsars, leurs boïards et leurs gaspada. Oui, le Tiers-Etat a prouvé une vitalité sans bornes par l'excès et la durée de la rapine officielle. *Il ne prouvera pas davantage sa force en la supprimant qu'il ne l'a attestée en la supportant à travers les âges.* Tiers-Etat russe, force lente, masse énorme, aussi lourde à se remuer qu'à remuer les autres, mais à laquelle rien ne résistera!

Moscou! ville du Tiers-Etat! cœur sacré de l'empire! Au centre de l'empire, il y a Moscou.

Au centre de Moscou, il y a un geste de bronze qui domine et qui fait prévoir ce que sera l'histoire de la Russie, devant lequel tout s'efface sur la Place-Rouge, même la mémoire de la terreur d'Ivan et de la colère de Pierre. Sans ce geste, sur le socle triomphal, il n'y aurait que du sang sur cette place; à cause de lui, un immense espoir y rayonne... C'est le geste du marchand de Nijni-Novgorod, c'est le bras de Minine qui a sauvé la Moscovie. Un jour, cet homme a dit : « Il ne faut épargner ni nos terres, ni nos biens; vendons nos maisons, engageons nos femmes et nos enfants, et mourons pour la patrie! » Il l'a sauvée. Supprimez Minine et cherchez ensuite les Romanoff. C'est ce geste-là qui a créé ceux-ci, et c'est par ce geste-là qu'ils disparaîtront, s'ils doivent disparaître.

Le Tiers-Etat n'existe pas! Mais regardez donc au cœur de l'empire : on lui a élevé une statue!

Décembre 1905

LA RÉVOLUTION QUI RIT

Toutes les heures de la révolution ne sont point tristes ou tragiques; il en est de gaies. Les plus grognons ou les plus désespérés sont obligés quelquefois de rire. Une panique a toujours son côté comique. Il s'agit de regarder de ce côté-là. Le jour où le bruit courut qu'on allait massacrer les juifs, apparemment il n'y avait pas de quoi s'amuser, surtout pour les juifs, et cependant il suffisait d'entrer dans une boutique d'armurier pour éclater de rire. C'était un pillage. Quand il n'y eut plus de revolvers, on acheta des carabines. Sabres et poignards, cannes plombées, cannes en fer, couteaux finlandais, tout était bon pour l'amateur. J'ai vu enlever un vieux tromblon qui devait dater de la guerre du Mexique; un souvenir de famille qui avait voyagé. Aux juifs, avaient succédé bientôt les intellectuels, que l'on devait massacrer par-dessus le marché. Ils prirent ce qui restait. Tous les hommes de lettres avaient lâché la plume pour le revolver. A la *Rouss*, on eût pu former les faisceaux dans la salle de rédaction, avec les carabines dont on avait entouré, ce jour-là, la liberté de la presse. Le soir venu, la panique avait comblé les hôtels. On y dormait, d'un œil, jusque dans les greniers. Quelques honnêtes citoyens veillèrent. Autour des samovars, chacun se montrait le petit joujou dont il avait fait l'acquisition. « — J'ai un Browning à dix coups. — Et moi, un Mauser. Regardez, l'étui me sert de crosse et je peux épauler. — Oh! le mien me suffit. Pesez les balles. Elles traversent cinq hommes, *à l'essai!* »

En guise de cannes, certains se promènent, le soir, avec des tubes de caoutchouc plein. « — Je vous affirme, monsieur, que c'est une arme terrible. Tenez, on fait comme ça! Et je vous fiche mon billet que si vous le receviez dans la figure... — Je vous en prie!!! » D'autres négligent d'avoir toutes ces sortes d'engins à tuer les gens. Une arme à feu leur fait horreur, mais, en fait de poudre, ils ont les poches pleines de poudre de tabac. « Quand je suis arrêté par un vagabond, je lui offre une prise de cette façon... Pan, dans l'œil ! Et il n'a pas la ressource d'éternuer. »

Le lendemain, comme on n'avait massacré encore personne, on commença d'abandonner les hôtels et de quérir des appartements dans le centre. Passé le pont de Police, les Péters-bourgeois ont la sensation nouvelle de n'être plus en sûreté, et cela parce qu'officiellement il y a eu, la semaine dernière, vingt-cinq atta-ques à main armée, dont quelques assassinats. Mon Dieu ! proportionnellement, les Parisiens, qui ne sont plus en révolution, en voient bien d'autres. Il est vrai qu'ici les pauvres ont leurs manies. Ils ne peuvent supporter la vue du cuivre. Donnez-leur cinq kopecks et vous êtes un homme mort. L'aspect d'une fourrure, un peu isolée, sur le dos d'un passant les incite à un dépouillement rapide. L'autre semaine, sur le canal Catherine, ils ont privé un citoyen inoffensif de la peau de luxe dont il avait recouvert ses rhumatismes, et ont jeté l'homme à l'eau, ce dont il est mort. J'habitais canal Catherine; comme je tiens à ma fourrure, je déménageai. Où me loger? Aux annonces, dans le *Journal de Saint-Pétersbourg*, j'ai lu (textuel) : « *Logement à louer* DANS UNE FAMILLE INTELLIGENTE. » Merci! pour ce qu'on veut en faire, des familles intelligentes! J'estime beaucoup plus intelligent d'aller loger chez les imbéciles. Qui veut de moi?

Ici, les *dvornicks* ou portiers doivent tous leur aide à la police, ainsi que les suisses (*schwitzar*), qui veillent sur la sécurité de vos lettres et sur la couleur des visites que vous recevez. Comme le gouvernement est animé, en ce moment, du désir sincère de faire régner l'ordre dans la rue, les commissaires de police de chaque quartier ont fait comparaître devant eux les dvornicks de leur ressort et leur ont fait entendre que celui, devant la maison duquel il *arriverait quelque chose,* serait frappé des pires châtiments. Voilà donc les dvornicks repartis chez eux et gardant, avec une anxiété farouche, la portion de rue qui s'allonge devant leur immeuble. Hier matin, M. T..., Anglais d'origine, russifié, descend de chez lui. Son dvornick lui tend un revolver et lui dit : « — Barine, vous passez pour un intellectuel; prenez ce revolver, car vous pourriez être tué. — Qu'est-ce que ça peut vous faire? demanda M. T... en prenant le revolver. — Barine, explique le dvornick, *si vous étiez tué, c'est moi qui en souffrirais!*

Un jeune étudiant me sert de traducteur. Il arrive ce matin chez moi en habits civils, contrairement au règlement, qui le veut toujours en uniforme. Je lui demande la raison de cette transformation. Il me répond qu'à cause des méchants bruits qui courent sur les assassinats d'étudiants, son dvornick l'avait supplié de remonter chez lui et de vêtir un complet de fantaisie. « Si vous voulez sortir en uniforme, avait-il ajouté, *je vous interdis l'entrée de la rue!* »

Les gardavoïs (gardiens de la paix) sont chargés, eux aussi, de la sécurité des rues, mais on ne saurait, en vérité, exiger de ces braves gens — quand ils ne sont pas en grève — qu'ils se mêlassent à la moindre bagarre. J'ai fait une enquête. Chaque gardavoï, qui est de service douze heures par jour, gagne 25 roubles par mois et doit, avec cela, s'acheter son uniforme, ses bottes, sa casquette, etc.; il lui faut plusieurs tenues, des galoches, un capuchon, des vestes blanches.

— Monsieur, me disait l'un d'eux, quand il y a une bagarre, je me cache pour ne point me salir.

Un télégraphiste travaille dix-huit heures par jour et gagne 22 roubles par mois. Il doit se loger, nourrir femme et enfants et se payer ses uniformes. On lui donne 30 roubles s'il est propriétaire d'une bicyclette. Evidemment, un fonctionnaire n'a pas le droit de se mettre en grève, car il arrête la vie de l'Etat. Ce à quoi le fonctionnaire répond que l'Etat n'a pas le droit de payer si peu le fonctionnaire, car il arrête la vie du fonctionnaire.

A quoi l'Etat réplique : « Il ne fallait pas vous mettre fonctionnaire. » A quoi le fonctionnaire réplique aujourd'hui : « Je comptais sur la révolution. »

On s'aperçoit, aujourd'hui, que ceux qui comptaient sur la révolution sont beaucoup plus nombreux que ceux qui n'y comptaient pas.

Ces demoiselles du corps de ballet impérial ont fait remettre à Sa Majesté l'adresse suivante :

« Votre Majesté ! En ces jours pénibles où le cœur saigne des épreuves que traverse la patrie, nous ne pouvons maîtriser l'élan chaleureux de notre cœur et éprouvons le besoin de Vous exprimer nos sentiments de fidélité. Agréez-les, Votre Majesté, et croyez que nous saurons accomplir notre devoir dans le modeste rôle qui nous incombe, en restant des servantes fidèles pour Vous et pour notre patrie, au bonheur de laquelle nous sommes prêtes à sacrifier notre vie. »

Le texte de l'adresse est surmonté de l'aigle impérial qui étend ses ailes, protégeant de la droite une lyre et s'apprêtant à frapper de la gauche un serpent.

N'est-ce point touchant, le spectacle de ces petits rats d'Opéra qui, après avoir dansé la *Vie pour le tsar,* se déclarent prêts à la lui donner?

Quand les chemins de fer ne marchent plus, quand les postes et télégraphes ne marchent plus, quand les magasins sont en grève, quand la lumière ne marche plus, quand rien ne marche plus, on est tout étonné de constater -personnellement que l'on marche encore.

Oui, on peut encore se traîner au restaurant. Les garçons ne se mettront pas en grève avant la semaine prochaine. Seulement, comme les blanchisseuses, elles, sont en grève, vous trouvez sur votre assiette quelques petits morceaux de papier soyeux, que vous ne vous attendiez point à voir en cet endroit.

Au restaurant de Vienne, l'administration a pris le soin délicat de faire imprimer (où a-t-elle trouvé un imprimeur?) sur lesdits morceaux de papier ces mots :

« En raison de l'impossibilité de blanchir le

linge, l'administration demande à ses très honorables consommateurs de lui pardonner si elle leur donne de telles serviettes. »

Dans ces conditions d'existence, je vous laisse à penser ce que celle-ci peut coûter cher. Quand on s'étonne devant le marchand et qu'on lui reproche l'exagération évidente de l'augmentation des prix *et son manque de conscience*, il vous répond avec sang-froid :

— Monsieur, nous faisons la révolution pour avoir la liberté de conscience. Ceci implique aussi la liberté de n'en avoir pas.

Décembre 1905.

COUP DE FORCE

Saint-Pétersbourg vient d'apprendre, avec une stupéfaction considérable, que le comité directeur des ouvriers, qui décidait des grèves, et le comité de l'Union des typographes, réunis dans l'immeuble de la rue Torgovaya, ont été cernés par les troupes et que tous les membres vont être arrêtés et conduits à la forteresse Pierre-et-Paul. A l'heure où je vous écris ces lignes, la chose doit être faite. Je crois pouvoir vous la confirmer avant le départ du train qui emporte cette dépêche à Eydtkuhnen. Il n'y a, du reste, aucun doute à avoir sur les intentions du pouvoir, puisque le président Kroustaloff, qui se rendait au siège du comité, n'a pu y parvenir et a été arrêté par les troupes qui le cernaient.

Malgré les maux immenses dont souffre cette ville, victime de toutes les grèves, il est juste de dire que la grande majorité des citoyens, en apprenant cet acte gouvernemental, attentatoire à la liberté de réunion et de grève, se sent plongée dans une véritable angoisse, à laquelle l'avait malheureusement préparée le texte des lois sur la presse, promulgué et publié ce matin. A considérer ce texte, il semblerait qu'on a voulu établir une gageure. La liberté que l'on attendait officiellement, après en avoir joui officieusement, est si loin de ce que la loi accorde qu'il devient difficile, de l'avis de tous les directeurs de journaux, d'exprimer une opinion quelconque sans redouter les pires châtiments. La presse attendait la vie de la loi nouvelle; celle-ci lui apporte la mort.

Quand on compare les anciens règlements, qui remettaient le sort des feuilles quotidiennes aux mains des censeurs, à cette loi qui, en outre des censeurs, menace à chaque alinéa le journaliste des foudres du procureur, on se mettrait presque à regretter l'ancien régime.

Défense d'écrire une ligne offensante pour le gouvernement.

Défense d'écrire un article tendant à inciter les corporations à se mettre en grève pour établir leurs revendications.

Tous les journalistes, ici, unissent leurs protestations. La situation qui leur est faite est tellement spéciale, et ils y sont si peu préparés par la liberté et aussi par la licence de ces derniers mois, qu'ils se demandent s'il ne vaudrait pas mieux que les journaux cessassent de paraître. C'est pour délibérer sur l'attitude qu'ils doivent prendre qu'ils se réunissent ce soir, à dix heures, dans les salles du *Novoïe Wremya.*

Les membres du comité exécutif du parti ouvrier n'ont fait aucune résistance, entourés qu'ils étaient par une sotnia de cosaques et un bataillon de tirailleurs. Les sept principaux d'entre eux ont été arrêtés immédiatement et sont allés rejoindre, en prison, leur chef, M. Kroustaloff.

J'ai vu, une heure après l'arrestation, les membres du parti démocrate socialiste, qui m'ont dit que le gouvernement commettait une grossière erreur en croyant frapper à la tête l'organisation gréviste, parce qu'il arrêtait ses chefs, car les chefs arrêtés seront remplacés dans leur mission cette nuit même, et demain dimanche, les ouvriers, dans leurs meetings hebdomadaires, ratifieront les décisions prises pour répondre aux mesures du gouvernement.

La réunion des directeurs de journaux, qui a lieu en ce moment-ci au *Novoïe Wremya*, n'est pas terminée. On peut se demander encore, à cette heure, si les journaux paraîtront demain.

A onze heures, les meetings d'ouvriers ont eu lieu, aujourd'hui, sans désordres importants. Il est certain que l'arrestation de Kroustaloff, le chef du mouvement gréviste, semble avoir porté un coup moral sérieux à l'organisation ouvrière. Le gouvernement aurait relevé contre Kroustaloff la preuve de délits de droit commun qui lui permettrait de le poursuivre, sans violer le droit de réunion accordé, en principe, aux futurs citoyens russes. Ces délits se rapporteraient, naturellement, à l'initiative révolutionnaire prise, dans différentes circonstances, par le détenu.

En ce qui concerne la loi sur la presse, les directeurs de journaux n'ont encore pris aucune résolution. Il est probable qu'ils arrêteront leur ligne de conduite ce soir, à l'issue de la nouvelle réunion qu'ils tiendront dans les les bureaux du *Novoïe Wremya*. Le *Slovo* ne s'est point fait représenter à ces réunions. Le *Natchalo* et le *Nova Jyina* ont déclaré rester à l'écart et continuer leur publication comme si les lois n'avaient pas paru.

M. Souvorine, fils du directeur du *Rouss*, a proposé, à tous les directeurs de journaux, de publier un seul journal pour tout Saint-Pétersbourg : chaque rédaction aurait sa colonne, et le gouvernement se verrait ainsi dans la nécessité de supprimer toute la presse pétersbourgeoise d'un seul coup, s'il lui prenait fantaisie de frapper le signataire d'un article ou de châtier une opinion, en suspendant la feuille où elle a paru.

Cette ingénieuse combinaison a été repoussée par huit voix contre quatre.

On colporte, aujourd'hui, un propos de l'ancien procureur du Saint-Synode, M. Pobiedonostzeff. Cet esprit consolateur aurait émis tout haut l'opinion que M. Witte a su réunir tous les révolutionnaires à Saint-Pétersbourg pour en finir une bonne fois avec eux... Mais il ne faut pas croire tout ce qu'on dit.

L'arrestation du nouveau président du comité exécutif des ouvriers, successeur de M. Kroustaloff, M. Jankovsky, en même temps que des cinq membres du comité et de trente autres fortes têtes du parti ouvrier, qui étaient en train de délibérer avec les chefs sur les mesures à prendre pour résister au ministère, a eu lieu sans lutte. Les ouvriers ont été entourés par la troupe et conduits immédiatement dans les cachots de la forteresse Pierre-et-Paul.

Le motif est toujours le même : poursuite pour crimes consistant à vouloir changer la forme du gouvernement. Grâce à ce système, d'une simplicité qu'on ne saurait trop recommander aux ministères dans l'embarras, on peut, momentanément, annihiler des adversaires gênants sans avoir même besoin de répondre à ceux qui invoquent les libertés accordées par le manifeste du 30 octobre.

De même, en dépit de la liberté de la presse, proclamée par ledit manifeste, on peut supprimer quasi tous les journaux. Je vous ai dit à quel état ceux-ci en étaient réduits devant le coup qui frappait leurs confrères. Les trois ou quatre autres, qui n'avaient pas encore senti s'appesantir sur eux la main du gouvernement, avaient pris la résolution, poussés par les victimes elles-mêmes et par les typographes, de publier à leur tour le manifeste démocrate-socialiste. Mais, par suite de la désertion du plus important d'entre eux, le *Novoïe Wremya*, les autres organes se trouvèrent tout désemparés, et le manifeste ne parut pas, contrairement à toute attente.

Mais, si le manifeste n'a pas paru, le *Slovo* et le *Herold* ne se sont pas montrés davantage, attendu que les typographes ont déclaré qu'ils ne les imprimeraient pas, tant qu'ils ne publieraient pas le programme des revendications populaires. C'est vous dire tout le désarroi de la presse et toutes les colères soulevées.

Les journaux suspendus, avant de reparaître, devront attendre la bonne volonté des juges, qui n'ont point hâte de juger.

Le *Rouss* sera remplacé par une feuille qui s'appellera la *Renommée*.

On s'attend, naturellement, à ce que le gouvernement continue la série de ces exercices dangereux. Nul ne compte que les choses se passeront avec le calme, qui est pourtant si désirable. L'attitude quasi silencieuse de la foule immense de tous les ouvriers, employés, fonctionnaires, qui se voit frappée elle-même, dans la personne de ses délégués et de ses chefs, ne dit rien qui vaille et n'inspire aucune confiance. On redoute un mot d'ordre qui, pour tarder à venir, n'en sera peut-être que plus fatal pour la paix publique.

Quant au récent attentat signalé contre M. Dournovo, voici ce qu'on sait :

C'est dans la rue de la Poste qu'on a arrêté un homme qui portait une bombe dans son mouchoir. On a annoncé que cette bombe était destinée au ministre Dournovo. Voilà des gens bien renseignés ! Comment peut-on savoir où allait cette bombe, quand il est déjà si difficile de savoir d'où elle vient ?

Sur la révolte militaire de Moscou, voici quelques détails :

Le régiment de Rostoff, après s'être tout à fait séparé de ses chefs, avait chassé ses officiers, avait fait croiser la baïonnette, devant son général, à la sentinelle qui gardait la porte des casernes. Les soldats avaient à leur disposition quatre canons-revolvers, toutes leurs armes, des munitions, et ne prétendaient entrer en composition avec leurs chefs qu'autant que leur programme de revendications économiques et politiques aurait été favorablement accueilli.

Le conseil des députés ouvriers, qui n'est autre que le comité exécutif des grèves, vient de décréter la grève générale de toutes les Russies pour demain à midi. On pourrait se demander quel est ce comité, puisqu'il n'y a pas vingt-quatre heures que les membres qui le composent ont été arrêtés. Mais il faut que l'on sache, qu'ici, les individus ne comptent pas, que l'idée seule existe et veut vivre quand même, et qu'en conséquence, tout a été prévu pour remplacer l'individu dans le service de l'idée. Le comité n'était pas plutôt arrêté, qu'un autre lui succédait; c'est la vieille formule : le roi est mort, vive le roi!

La chose s'effectue pratiquement par une échelle préalable de candidats admis à la possibilité de faire partie du comité, si l'occasion l'exige; de telle sorte que le gouvernement n'aurait plus assez de prisons, que le parti gréviste aurait encore un comité. La décision qui vient d'être prise est formidable, en ce sens, que les ouvriers se rendent très bien compte du danger qu'il y a, en ce moment, à la prendre. Ce danger ne consiste point seulement, pour eux, dans les représailles du gouvernement, mais surtout, dans la façon dont l'ordre de grève va être exécuté.

Si, ayant présumé de ses forces, l'organisation gréviste n'aboutit qu'à une manifestation médiocre et n'est point suivie avec méthode par les différents corps de métier, les conséquences peuvent être telles, que tout son crédit révolutionnaire en sera ruiné.

Les quelques expériences qui ont été faites, depuis deux mois, n'ont pas été décisives; il y a eu beaucoup de dissidents dans les corporations. Aussi, est-il à peu près impossible de prévoir ce que la résolution du comité exécutif pourra donner.

La grève générale est résolue en principe : nous allons voir si elle sera exécutée en fait. Le conseil des députés ouvriers espère qu'il sera suivi, demain, par le comité général secret des chemins de fer qui est réuni actuellement, et dont on attend une réponse. Si la grève des chemins de fer est résolue, cette dernière, jointe à celle des télégraphes, pourra tout emporter et décider les plus récalcitrants.

Dans quel gâchis momentané serons-nous? Que deviendra le gouvernement privé de toutes ses communications avec l'empire? A quels troubles, vers quelles catastrophes allons-nous?

On n'ose le prévoir. Le gouvernement croit que les grévistes ne sont pas prêts et qu'ils ne peuvent livrer la bataille qu'ils annoncent. De son côté, un communiqué officiel vient de paraître, dont il est utile de peser tous les termes, si on veut se faire une idée de ce qu'il contient en germe, et ce qu'il contient est effrayant.

« Le gouvernement, dit ce communiqué, n'ayant pas assez de troupes à sa disposition, ne pourra pas empêcher les paysans de massacrer les employés des chemins de fer qui refuseraient leur service. Il prendra toutes les mesures nécessaires pour que l'ordre ne soit point troublé, mais si ces mesures sont impuissantes, il se verra dans la nécessité de recourir à d'autres, d'une nature exceptionnelle. »

En attendant de prendre ces mesures exceptionnelles, le gouvernement du tsar qui devait publier, demain, un manifeste annonçant une distribution des terres de la couronne aux paysans, et l'adoption du suffrage universel à deux degrés, ou du suffrage restreint, s'est résolu uniquement à courir au plus pressé, c'est-à-dire à améliorer dans des conditions fort appréciables le sort du soldat. Les rébellions innombrables de troupes, restées jusqu'alors fidèles, lui ont appris qu'il lui était difficile de compter sur le dévouement des troupes, s'il ne leur donnait de quoi ne point mourir de faim.

Car, il faut bien l'avouer, en dehors de toute idée révolutionnaire, la révolte militaire a été merveilleusement servie par l'état de dénuement où les chefs responsables laissaient les troupes.

Ici, les arrestations continuent. Les soldats de la garde occupent les locaux des journaux qui paraissent. Les gardavoïs se déclarent sur les dents et ne prennent plus aucun plaisir au métier. « On a trop à faire, me disait l'un d'eux, ce soir; on a perdu le charme de la force. »

Décembre 1905.

L'HEURE EST GRAVE EN RUSSIE

L'opinion générale, à quelque parti que l'on s'adresse, est que la manifestation révolutionnaire nouvelle est des plus graves. Les grévistes vont tenter un suprême effort, soutenus par la majorité de la nation, pour obtenir au moins ce qui leur a été promis et qu'on tarde tant à leur accorder.

Il est moins question des intérêts économiques de chaque corporation que des libertés nationales, qui se résument toutes dans une assemblée représentative de tous les éléments du peuple russe qu'on a trop tardé à convoquer.

Je vous télégraphie l'ultimatum adressé au gouvernement et signé par le conseil des députés ouvriers, par le parti socialiste démocrate, par le parti socialiste révolutionnaire et par l'Union israélite ouvrière. Il exige :

1° L'Assemblée constituante ;

2° Le suffrage universel direct, égal et secret;

3° Liberté de parole, de presse, d'association, de réunion et de grève;

4° La journée de huit heures;

5° La terre aux paysans;

6° L'armée libre et les chefs élus par les soldats.

L'ultimatum se termine par cet appel à l'armée :

« Soldats, vous êtes partis du peuple, et c'est pour vos droits, aussi, que nous luttons. Joignez-vous à nous; ne noyez pas la liberté dans le sang! »

Qu'un tel ultimatum apparaisse formidable et sans possibilité de réalisation pratique immédiate, c'est tout naturel. Mais que le parti libéral modéré, par son attitude méfiante vis-à-vis du gouvernement, par son laisser-faire vis-à-vis des révolutionnaires, semble le soutenir, voilà ce qui dépasse la conception que nous avons, en France, de la logique des révolutions. Aussi, on ne s'étonne point, ici, de la stupéfaction qui nous vient de l'étranger. Pourtant, cette situation, d'un aspect si compliqué, est, au fond, des plus simples. Elle n'a jamais été plus logique. Si le parti modéré ne soutient pas le gouvernement contre le parti révolutionnaire, c'est qu'il n'a aucune confiance en lui, et c'est qu'il préfère l'anarchie de demain, d'où un Etat nouveau pourra sortir, à l'anarchie autocratique d'hier, dont il a fait la cruelle expérience.

Peut-être, le gouvernement n'aurait-il qu'à vouloir pour résoudre momentanément les difficultés terribles de l'heure présente et qu'à montrer de la sincérité. Or, s'il faut en croire à peu près tout le monde, c'est ce qui lui manque le plus. S'il voulait se résoudre à exécuter les promesses du manifeste du 30 octobre, si lointaines et si insuffisantes déjà pour les appétits nouveaux, les éléments libéraux modérés de la nation ne lui marchanderaient certainement point leur concours et ils créeraient autour de lui la force qui lui manque. Mais, au lieu de cela, tous les actes de l'autorité prouvent qu'elle regrette les concessions faites.

— Si notre attitude, me disait aujourd'hui

un député des zemstvos, paraît soutenir les grèves les plus désastreuses et le programme révolutionnaire, ce n'est point pour qu'on accorde à ce peuple tout ce que l'ultimatum ouvrier demande, mais pour obtenir le minimum de liberté qu'on nous refuse.

Quelle que soit la gravité des événements, à Saint-Pétersbourg, les esprits sont moins excités par ce qui se passe dans la capitale que par les nouvelles qui arrivent de Moscou. Grévistes et révolutionnaires parcourent les rues, le drapeau rouge déployé. Ils dressent des barricades dans les voies principales, et ils tirent sur les troupes. Ils ont fait sauter un bureau de la police secrète. Plusieurs fonctionnaires ont été tués, cependant que plusieurs régiments parvenaient à entourer des milliers de grévistes, qui se réfugièrent dans des immeubles : le théâtre de l'Aquarium, l'imprimerie Sytine, la maison Fidler, qui, à l'heure actuelle, sont, ainsi que le boulevard Strassnol, bombardés par des canons et des mitrailleuses.

D'après les dernières informations, la bataille continue avec acharnement, depuis cinquante-deux heures, entre les troupes et les révolutionnaires.

L'avis, à Saint-Pétersbourg, est que les révolutionnaires devront finalement être battus; on est même étonné qu'ils aient pu soutenir pareille lutte depuis trois jours, et une si lente défaite démontrerait la force de la révolution.

Des dispositions exceptionnelles ont été prises, ici, pour que l'émeute, si elle se produisait, soit étouffée immédiatement. Les troupes sont consignées dans les casernes. La ville est partagée en huit quartiers militaires. Les canons et les mitrailleuses sont prêts.

Voici des détails, tout à fait particuliers, obtenus par un coup de téléphone spécial avec trois amis de Moscou habitant des quartiers différents :

Après une trêve de quelques heures dans la matinée, dès midi, le combat recommença. Les canons, disposés place Arbat, tirèrent une heure et demie durant. Dans les rues Arbat et

Povarsky, les barricades furent démolies, les maisons endommagées.

L'artillerie lança soixante schrapnells dans la rue Sadovaïa et ouvrit un feu violent dans la rue Tverskaïa, contre les maisons Karovine et Hirshmann, à côté du club anglais, faisant de larges brèches et de nombreuses victimes.

On se bat avec rage à la porte Petrowsky, où la maison Tridineff a été démolie par le feu de l'artillerie, et sur le boulevard Niglini, où trois maisons sont anéanties.

A côté du restaurant de l'Ermitage, un combat meurtrier a été engagé dans les vastes usines Prokhorovski, où les révolutionnaires et les soldats éprouvèrent des pertes sérieuses. L'artillerie a bombardé, près de la porte Rouge, l'imprimerie Kouchnarieff, que les révolutionnaires avaient transformée en prison où ils enfermaient les officiers et les gardavoïs destinés à servir d'otages. Le gymnase Alexandre-III a été bombardé.

Les conseillers municipaux réunis dans la Douma, pendant que la bataille se déroulait sous leurs fenêtres, ont voté une résolution déclarant le gouvernement responsable des événements actuels, pour n'avoir pas réalisé les promesses du manifeste du 30 octobre.

Il faut certainement compter plus de dix mille victimes.

Malgré le désir du gouvernement de garder toutes ses troupes pour Saint-Pétersbourg, il est dans la nécessité de répondre aux appels de renfort; ainsi, aujourd'hui, un régiment de Finlande, avec quatre batteries d'artillerie, part pour Moscou, rejoignant le régiment Semenovsky, en route depuis hier.

Décembre 1905.

A MOSCOU

J'ai pris le train, hier soir, à Pétersbourg.
Il faisait vingt degrés centigrades au-dessous
de zéro. La capitale était calme. La police
venait de faire disparaître les cadavres, des
ouvriers d'une usine, passés au feu de salve.

Les cadavres, c'est gênant, à cause des obsè-
ques.

Les dernières nouvelles de Moscou étaient
sinistres; dans le moment que mon corres-
pondant me faisait part des phases suprêmes
de la lutte et de la terrifiante répression
qui acculait dix mille insurgés autour des
usines Prokoroff, Manantoff et Schmidt, le téléphone cessait de fonctionner... par ordre
supérieur. Toutes communications privées
étaient interdites avec Moscou.

Voilà donc que je prends le train. Le malheur est que les communications, par chemin
de fer, ne sont assurées depuis trois jours que

jusqu'à Tver. On a fait sauter une partie de la ligne, là-bas, abattu les sémaphores. Mais tout cela peut être rapidement réparé. Au pis aller, c'est deux cents verstes en traîneau, de Tver à Moscou. Et, je ne connais rien de plus délicieux que le traîneau, surtout quand il fait très froid et que, sous les fourrures, on a très chaud.

Le train est d'une prudence sans pareille. Il va. Il s'arrête. Il repart. Il revient. Il semble, refaisant en arrière le chemin qu'il a fait en avant, heureux de constater qu'il n'a pas déraillé! Mon Dieu! à cette allure, s'il déraille, ça ne sera jamais bien grave : couchons-nous. A deux heures et demie du matin, à trois heures et demie, à quatre heuers trois quarts, je me réveillai et constatai, chaque fois, que le train était arrêté. Je pensai qu'il ne marchait que lorsque je dormais, et je me rendormis. Mais, au point de l'aurore, comme je me réveillais encore et comme il stoppait toujours, je m'habillai, disparus dans ma pelisse et allai rejoindre, sur la voie, les quelques voyageurs et employés qui attendaient... une locomotive!

Oui, un homme était allé chercher, à pied, à Tver, une locomotive... A force de vouloir faire marcher la nôtre lentement, on ne l'avait plus fait marcher du tout. Ah! la belle aurore glacée sur le désert de neige! Une toute petite isba en bois, avec sa fenêtre allumée, entre quatre petits sapins de Noël en sucre polaire; et puis la neige, la neige...

Tapant la neige durcie du talon de nos galoches, nous attendîmes la machine, qui nous arriva, transpirant comme un cheval tout chaud de sa course et soufflant sa vapeur blanche dans l'air blanc du matin.

Cette gare de Nicolas, où je débarque, a vu le principal effort des insurgés. Les troupes fidèles, dont disposait l'amiral Doubassoff, la défendirent victorieusement. Si les insurgés avaient pu s'en emparer, ils auraient rendu impossible toute arrivée de renforts militaires du côté de Saint-Pétersbourg; et, il faut bien le dire, ce sont ces renforts-là qui ont vaincu. Jusqu'à ce moment, l'amiral Doubassoff n'avait fait que se débattre; il n'a battu les insurgés qu'après qu'on lui eut donné l'élite de la garde. « Faites donner la garde! » téléphona-t-il à Dournovo; et on lui envoya, entre autres, ce régiment Semenoff, colonel Minn, qui a déjà prouvé, à plusieurs reprises, qu'on peut compter sur lui pour faire régner l'ordre sur les places publiques.

Quand vous sortez de la gare Nicolas, vous avez en face de vous la gare de Kasan. Une immense place les sépare. Il faut traverser cette place pour aller du nord au sud de la Russie. Les révolutionnaires avaient le sud : ils avaient la gare de Kasan. Ils s'y retranchèrent pour, de là, attaquer la forteresse redoutable qu'était devenue la gare Nicolas.

On s'est battu, là, à soixante mètres. Les canonniers du tsar y ont été héroïques. Les canons étaient disposés en demi-cercle devant ces marches que nous sommes en train de descendre, tirant à découvert contre un ennemi tout proche. Combien périrent là, pendant ces trois jours et trois nuits de carnage? On ne nous le dira jamais!

Un homme me prend par la manche et me montre une niche à chien. La niche est toute percée par les balles. L'homme se baisse et appelle : « Tzigane ! Tzigane ! » Un gros chien noir avance son museau débonnaire et triste. Au-dessus de l'œil droit, une plaie rouge : Tzigane a reçu une balle.

On a pu chasser les révolutionnaires, on a pu vider toutes les maisons d'alentour, mais on n'a pas pu faire évacuer, à Tzigane, son domicile. En vain, tirerez-vous sur sa chaîne. Tzigane, épouvanté, ne veut plus voir les hommes.

Plus que la ruine des choses, plus que les briques noircies, plus que les quelques maisons, çà et là écroulées, taches sombres perdues dans l'immensité blanche de la ville, la tristesse lugubre des rues, même de celles que le fer ni la flamme n'ont point touchées, nous ramène aux pensers amers de la guerre civile. Elle est faite, cette tristesse, de *la peur des murs* et de la misère des passants. Ah ! comme toutes ces maisons ont tremblé, comme hâtivement elles se sont bouché les fenêtres d'une lourde paupière de planches ; car, surtout, elles ne voulaient rien voir. Rien voir, c'est ne rien savoir. Entre ces murs, sans regard et sans vie, glisse une population de misère; les pauvres figures de misère et d'assassinat!... sinistres peaux de mouton qui vous frôlent et d'où sort un geste d'aumône et de menace.

Le Kremlin, lui-même, a fermé ses portes. Cela ne lui arrive que pour les grandes tragédies. Parfois, de si nombreuses années s'écoulent sans que ces prodigieuses portes tournent sur elles-mêmes, qu'elles ne consentent à se mouvoir qu'après d'ardentes et saintes prières. La dernière fois que la citadelle sacrée a été fermée au public, ce fut à l'occasion de l'assassinat du grand-duc Serge, à cette place de la cour du palais, marquée, maintenant, d'une petite enceinte à claire-voie, d'une couronne funèbre et d'un lumignon qui brûle, nuit et jour, plus funèbre encore... Ville funèbre... Derrière ces hautes murailles crénelées sont entassées des richesses incalculables, le trésor des églises, les joyaux, les pierres précieuses des icônes, de quoi nourrir cette année et la suivante, et la suivante encore, tous ceux qui ont faim en Russie. Et, au pied de ces murailles, de la Porte-Sainte — la porte qu'on ne peut franchir que tête nue (Napoléon eut l'audace de passer là sans se découvrir. Un écart miraculeux de son cheval jeta le petit chapeau par terre) — de la Porte-Sainte à la Vierge-Noire, ceux qui ont faim errent, tournent comme des bêtes, de la Vierge-Noire à la Porte-Sainte...

Tout à coup, du côté nord du Jardin zoologique, le canon retentit, mais lointain. Il y a donc des révolutionnaires qui tiennent toujours, avec l'unique espoir de parvenir à fuir dans l'immense et mystérieuse campagne, au fond de laquelle ils iront puiser de nouvelles forces pour une autre bataille. En vérité, ils ont bien failli gagner celle-ci. On a tout redouté, à Moscou, pendant huit jours. Les troupes étaient harassées, demandaient du renfort, et Saint-Pétersbourg hésitait à se dégarnir de ses soldats... Si le peuple, à Saint-Pétersbourg, avait fait seulement le simulacre de se soulever, jamais l'empereur n'aurait envoyé le régiment Semenoff à Moscou, jamais il n'aurait permis à sa garde de s'éloigner de la capitale et du maître de l'empire, et alors... Alors Moscou serait peut-être, à cette heure, une autre capitale, celle de la révolution. Mais Saint-Pétersbourg n'a pas bougé... Et le destin de l'empire n'a pas été compromis. La bataille de Moscou n'aura été qu'un épisode.

Les faubourgs sont déserts. Autour des faubourgs, il y a la campagne, et dans la campagne... des loups, bêtes et gens, des loups... Mais, je ne sais pourquoi je m'attarde à vous parler des vivants. Les morts, c'est moins triste. Retournons chez les morts. La nuit a passé sur le quartier de Presnia. Peut-être les cosaques nous laisseront-ils passer dans le sentier qui longe l'église de la Vierge, et nous pourrons voir alors, pourquoi, de ce côté, on faisait tant de bruit et de fumée hier.

Et, en effet, nous passons.

C'est en remontant, du côté de la Globenkienskaïa, qu'il nous fut donné de voir avec quel soin on avait balayé les cadavres. Je ne trouve pas d'expression qui rende mieux ma vision.

Ils étaient réunis par petits tas ; ils tenaient le moins de place possible et le traîneau mortuaire n'avait plus qu'à passer. On nettoie, on nettoie... Dans quelques jours, il faudra mettre des lunettes pour retrouver la trace de cet effroyable drame. On nettoie. Tout rentre dans l'ordre. Au sortir de l'affreux quartier, nous avons rencontré quinze hommes qui portaient quinze lanternes neuves pour réverbères et becs de gaz. Ils marchaient à la file. Ils semblaient un numéro de revue. L'illusion était parfaite. Ils allaient chanter : « *C'est nous qui sommes les becs de gaz, les becs de gaz, de gaz.* » La révolution n'est pas la ruine pour tout le monde.

Décembre 1905.

ELLE EST MORTE
LA JEUNESSE DE MOSCOU!...

Elle est morte, la jeunesse de Moscou!... Les rêves de la poésie, la passion de l'art n'emplissaient point son esprit d'un doux enthousiasme... Elle n'eut point le temps de s'occuper de ces choses. A l'âge où les jeunes gens des autres nations jouissent de la mélancolie des premières amours ou goûtent l'âcre volupté des premières débauches, ces adolescents avaient senti battre uniquement en eux des cœurs d'apôtres, de doux et terribles cœurs d'apôtres; car ils étaient allés, si jeunes, dans les campagnes et dans les usines, et ils n'avaient pas trouvé un seul coin de la terre russe où il n'y eût des gémissements... Maintenant, elle est morte, la jeunesse de Moscou, et autour de ses cadavres on n'entend plus de gémissements, car ceux pour qui elle est morte n'osent même plus gémir...

Qui dira jamais les drames de cette mort derrière les barricades légères? la grâce avec laquelle quelques-uns sont tombés, les idylles sanglantes sur lesquelles ont marché les soldats du colonel Minn, aide de camp de l'empereur? La dernière barricade a vu se dresser la Vierge de dix-huit hivers, la Vierge de Moscou, fleur des neiges, qui donna ses lèvres à baiser aux ouvriers qui tombaient à ses côtés, aux camarades d'étude avec qui elle avait élevé la Chimère, pauvre oiseau frappé dès qu'il eut déployé ses ailes...

Il est tout à fait inutile de demander son chemin. Le terrible génie des révolutions a laissé son empreinte sur cette terre, sur ces murs, jusque dans l'air que nous respirons. Ça ne sent plus la poudre, mais ça sent encore la fumée. Et cependant, on est étonné qu'une pareille lutte n'ait pas laissé plus de ruines. C'est que les incendies n'ont été allumés que par les projectiles, et cela rarement. Balles et obus, le plus souvent, ont fait une propre et nette besogne. Des trous font aux maisons des blessures sèches qui guérissent vite avec quelques emplâtres. Vaincus, les révolutionnaires ne se sont point retirés en désespérés qui veulent tout anéantir derrière leur déroute. Ils ont donné la mort tant qu'ils ont pu, ils n'ont point apporté la flamme. Ces gens ne voulaient pas détruire; ils voulaient bâtir à leur façon. Ici, pas de pétroleurs. Un étudiant qui a parcouru toute cette voie de la mort, cette Sadovaïa, aux heures où l'on y mourait, m'a dit : « Nous n'avons pas combattu la rage dans le cœur. Nous étions, nous sommes pleins d'amour! »

Et cependant, ces hommes qui parlent d'amour ont été terribles. Il y a eu des exécutions d'une simplicité farouche. Rappelez-vous celle du chef de la Sûreté Voïlochnikoff. Le soir, sa besogne de la journée faite — et quelle besogne en ces temps-ci! — il quittait ses bureaux de la préfecture et venait retrouver sa femme et ses enfants, dans un appartement qu'il occupait en la maison Skvortsoff, dans la ruelle des Loups. Fait étrange, pour qui n'a point coutume de considérer les choses de ce pays : le chef de la Sûreté n'était point gardé. Pas un piquet de soldats, pas de gardavoïs devant cette demeure où venait reposer l'homme le plus promis à la mort de Moscou. Ce soir-là, donc, le 27, Voïlochnikoff dînait à la table de famille. Il annonçait aux siens que l'ordre serait bientôt rétabli dans la ville, car on attendait, incessamment, les troupes de Saint-Pétersbourg qui permettraient de porter le dernier coup aux révolutionnaires. La nuit était avancée. Chacun s'en fut se coucher. La ville, à cette heure, s'était tue. Elle se reposait. Il y avait une courte trêve entre le carnage de la journée et celui du lendemain. Quelques rares coups de fusil dans le lointain, la paix dans la ruelle des Loups. Soudain, une troupe armée de vingt révolutionnaires, que commandait un jeune homme, se glissa dans cette ruelle, s'empara des dvornicks terrorisés et fit irruption dans la maison Skvortsoff. Ils étaient bien renseignés. Ils savaient où frapper. C'est le chef qui frappe trois coups à la porte du chef de la Sûreté. « Ouvrez! » Voïlochnikoff se leva au bruit et, suivi de sa femme, que rejoignaient bientôt les enfants, alla coller son oreille derrière la porte. Il demanda ce qu'on voulait. Il lui fut répondu qu'il devait ouvrir sur-lechamp, sans quoi on enfonçait la porte. On lui expliqua que toute résistance, de sa part, était inutile, qu'il n'avait à compter sur aucun secours *et qu'on était nombreux*. Voïlochnikoff, malgré les prières de sa femme, répondit : « C'est bien. N'enfoncez pas la porte, je vais ouvrir moi-même. » Et il ouvrit. Il fut immédiatement entouré. Il voulut parler; on ne lui en laissa pas le temps. Devant sa femme et ses enfants fous d'épouvante, on lui lut la sentence de mort. Mme Voïlochnikoff se jeta aux pieds des révolutionnaires et implora, au nom de ses enfants, qu'on ne lui tuât point son mari. On ne lui répondit pas. Le chef de ces hommes ordonna à Voïlochnikoff de dire adieu à sa famille. Le chef de la Sûreté savait qu'il n'avait à attendre aucune grâce, aucune pitié. Il n'en demanda point. Il releva sa femme, l'embrassa, embrassa ses enfants, leur conseilla le courage et dit aux révolutionnaires qu'il était prêt. On le fit descendre dans la rue. On le colla contre le mur. Une salve retentit. On a retrouvé son corps troué de vingt-cinq balles.

Les Russes sont d'une bravoure que rien n'égale. D'autres traiteront Voïlochnikoff d'imprudent. Ce n'est pas l'imprudence, c'est le mépris de la mort qui l'a tué. Les victimes peuvent maudire les tchinovnicks qui exécutent les ordres terribles venus d'en haut, mais elles-mêmes reconnaissent que ces hommes sont braves. Désignés aux coups des révolutionnaires, il leur faut, pour se promener dans un salon, plus d'héroïsme qu'à un soldat sur le champ de bataille. J'ai approché beaucoup de ces hommes-là. J'ai retrouvé partout, chez eux, la même imprudence, si vous voulez. Quelques jours après l'assassinat du grand maître de la police de Moscou, le comte Chouvaloff, qui fut tué dans son salon à coups de revolver et qui eut la force, avant de mourir, de demander à l'homme qui le tuait : « Pourquoi? mais pourquoi? », je fus reçu par son successeur, le baron Médèm, à la place même, où Chouvaloff avait été assassiné. Il ne prit pas plus de précautions pour moi, qu'il ne connaissait pas, que pour les quelques gens de la classe moyenne qui venaient lui présenter leurs suppliques. C'était pourtant dans des conditions absolument identiques que son prédécesseur était tout à coup passé de vie à trépas. Moi, évidemment, je ne voulais pas le tuer. Je voulais lui demander quels étaient les principaux personnages politiques à voir à Moscou.

— Je ne connais, me répondit-il, qu'un seul personnage politique à Moscou : c'est moi!...

Et il ajouta :

— Puisque le tsar n'y est pas.

Avant de quitter ce salon, je considérai le parquet où s'était traînée si récemment une agonie. On avait mis là un petit tapis et, sur ce tapis, une table. Sur cette table, il y avait un livre. Je lus le titre. C'était : *Chaussettes pour dames,* de Willy et Curnonsky.

La Révolution moderne a sa tactique nouvelle, ses armes neuves, sa façon de faire qui déroute un peu. Les barricades étaient légères. Aux temps de chez nous, on dépavait une rue, on faisait tomber une maison, deux maisons. Il s'élevait, alors, un obstacle qu'on pouvait espérer infranchissable. A Moscou, quelques minutes suffisent à l'édification de l'obstacle : deux poteaux télégraphiques, trois réverbères, quatre traîneaux, une échelle, six planches, des fils de fer devant tout ça, et la troupe n'est jamais sûre de ne point trouver derrière cette première barricade, qu'elle vient de prendre, dix autres qu'elle ne prendra peut-être pas.

Qui donc était derrière ces planches? « De la jeunesse, monsieur! »... De la jeunesse!... Oui, autant que les ouvriers, les étudiants ont soutenu le combat. Ils l'ont mené. Où est-elle maintenant, la jeunesse de Moscou? Où sont-ils, *où sont-elles?* Car il y eut là des vierges héroïques qui moururent avec frénésie, avec un enthousiasme de martyres... « De la jeunesse, monsieur! m'a dit une dame qui pleurait. Des jeunes filles!... On voyait leurs petites bottes de feutre qui sortaient, rigides, de leurs pauvres jupes de pilou... »

... Elle est morte, la jeunesse de Moscou !

Dans le quartier de Presnaïa, les derniers révolutionnaires qui luttaient encore se sont rendus ce matin. Ceux qui ont juré de mourir quand même finissent une lutte désespérée au delà du Jardin zoologique. Je reviens de visiter le quartier Presnaïa, qui n'est qu'un amas de décombres fumants; les obus et la mitraille ont incendié, détruit quantité de maisons; sur la voie publique, les cadavres, réunis par groupes, sur lesquels on a jeté des toiles et des bâches, sont gardés par les soldats, debout autour de grands feux, à chaque carrefour, car il fait 20 degrés de froid; autour des usines, les maisons encore debout dressent un drapeau blanc, demandant à être épargnées par le canon.

On ne rencontre ici que des désespoirs. L'histoire recommence tout le temps, avec ses mêmes anecdotes. L'enfant qui a reçu trois balles dans la tête, rue Tiquetonne, les a reçues encore dans plusieurs rues de Moscou. Et une Russe me raconte ce soir, sans s'en douter, l'histoire de cette pauvre femme, que nous avons lue dans *Napoléon le Petit,* cette pauvre femme qui était sortie avec sa boîte à lait. Seulement, en Russie, il n'y a pas de boîte à lait. On va chercher son lait dans une bouteille, et on meurt.

Pour retrouver les traces de la bataille de Moscou, il faudra se rendre dans ce lointain quartier de Presnia, où chaque maison a été un bûcher ou un tombeau.

Ce quartier a vu des drames, surtout hier, que n'a pas connus le Père-Lachaise. Et aujourd'hui, c'est la fin, l'horrible fin!

Décembre 1905.

ELLE ET SA POITRINE DE BRONZE...

Voilà une affaire bien extraordinaire : La révolution russe continue bien qu'on l'ait averti, de Paris, qu'on n'y comprenait plus goutte en France et que les journaux du boulevard avaient cessé de la commenter ! Oui, les agences ont transmis, ici, une dépêche de Paris qui ne cache point la façon de penser des Français, nés logiques. Une révolution, chez nous, est une pièce bien ordonnée, une tragédie selon la règle de trois, des trois unités, des trois glorieuses. Tout cet horrible micmac slave ne ressemble à rien, et l'esprit français se refuse à le comprendre comme, longtemps, il a rejeté Shakespeare. Tout de même, cela viendra qu'il comprenne, mais pour le moment, nos fabricants de pièces révolutionnaires des bords de la Seine, quand ils regardent du côté de la Néva, en sont encore à Ducis.

J'ai essayé déjà de faire entendre que toute la complication vient ici de l'arrivée *dead-heat* à la révolution du Tiers-Etat et du prolétariat, événement plein de confusion, pour un cerveau français qui garde la vision du faubourg Antoine se battant pour l'unique édification d'un gouvernement bourgeois. Vous pensez bien, que le compromis final et nécessaire entre les intérêts des différents partis révolutionnaires, social-démocrates et libéraux, ne sera point établi — après la ruine définitive du régime bureaucratique qui est loin d'être encore consommée — sans d'affreux et préalables déchirements. Du mélange des intérêts et de leurs contradictions ressort cette apparence d'illogisme dans lequel, l'Occident rationnel ne veut plus rien démêler. Cela vaut mieux, après tout, que de le voir tirer, des événements actuels, des conclusions ridicules. La lutte prodigieuse de Moscou n'est qu'un combat d'avant-garde; la ligne de bataille ne se dessinera qu'au moment de la représentation nationale — quelle qu'elle soit — alors que le monde entier croira que tout est fini et que tout commencera.

Jamais le fatalisme russe n'est apparu avec autant d'impassibilité que dans ces jours, où la lutte la plus atroce se livre à Moscou; où l'empire tout entier, des confins de la Sibérie aux frontières de Pologne, de la Livonie au Caucase, est à feu et à sang; où la Révolution vient battre de son flot terrible les portes de Saint-Pétersbourg, mais ne pénètre pas encore dans la ville, à cause de sa ceinture de soldats et de canons.

On continue d'aller au théâtre, de souper, de jouer. Au club des Marchands, le comte T... apportait la semaine dernière une paire de bas sales appartenant à sa femme, les déposait devant lui et gagnait quatre mille roubles.

Ceux de la haute société, ceux qui s'amusent, ceux qui appartiennent aux cercles dirigeants (dirigeant Saint-Pétersbourg), n'apercevant dans la Newsky et dans la Grande-Morskaïa que des patrouilles et point de révolutionnaires, n'ont rien perdu de leur optimisme. Ils sont tranquilles, vous dis-je, ils sont énormément, colossalement tranquilles !... Il a suffi que le gouvernement montrât soudain une énergie sans mesure pour qu'ils aient cru que tout était sauvé. Nuit et jour, « on arrête » : ils se rassurent. On interdit les journaux libéraux : ils respirent. Et puis, ils prétendent qu'il y en avait trop. Certes, dès que fut proclamée la liberté de la presse, il n'est point de plus mince intellectuel qui ne voulût faire paraître sa feuille. Et elle paraissait. On entendait toujours crier : « Premier numéro de... », jamais le second. On rapporte, en manière de plaisanterie, qu'un monsieur qui passait sur la Newsky et déclarait tout haut qu'il ne *voulait pas faire paraître de journal* fut immédiatement appréhendé par la police, qui n'aime point les originaux.

Heureusement, s'il y a les tristesses et les misères de la grève, il y a aussi ses gaietés. En gare de Pskoff, un train, arrêté depuis huit jours par la grève, était habité par de nombreux voyageurs, Ceux-ci avaient pris leur parti de la situation et s'étaient installés dans les wagons comme s'ils devaient y passer l'hiver. Un professeur de l'Université de Saint-Pétersbourg, homme d'hygiène, avait déjà pris l'habitude, tous les matins, de se rendre en peignoir — le peignoir de sa femme — dans la petite salle de bains de la gare et d'y faire, le plus commodément du monde, ses ablutions. Un matin, il était encore dans sa baignoire, quand des soldats, d'une section des chemins de fer, arrivèrent et firent partir le train sans prévenir personne. La femme du professeur hurla à la portière, mais ce fut en vain, et le malheureux resta à Pskoff, sans argent, sans chaussettes, avec le peignoir de sa femme et une paire de pantoufles.

Je n'oserais rapporter, comme une des gaietés de la grève des chemins de fer, le suicide de ce capitaine de gendarmerie qui, au buffet de Moscou, s'est tiré un coup de revolver dans la tête, après avoir placé sur la table, devant lui, ce petit mot : « Je me tue, car j'ai *vraiment* dévoré (textuel) *trop* d'argent du gouvernement ! »

Il y a tout un monde dans ce *vraiment* et dans ce *trop,* tout un monde et tout un régime, un régime qui s'en va...

A Moscou, un révolutionnaire se présente, la casquette à la main, chez un propriétaire et lui dit:

— Monsieur, me permettez-vous de prendre, dans votre cave, le bois dont nous avons besoin pour élever notre barricade?

Le propriétaire répond :

— Je ne vous donne rien, mais, ce bois, vous *pouvez* le prendre *de force.*

— Eh! monsieur, gardez votre bois. Pour qui nous prenez-vous?

Une autre petite histoire du même genre. Un révolutionnaire entre chez une dame :

— Madame, fait-il, je viens vous demander d'être assez aimable pour nous prêter vos por-tes de fer. Nous en avons le plus grand besoin.

— Mes portes de fer! Et pourquoi, mon Dieu!

— C'est pour la barricade. Je suis un révolutionnaire.

— Ah! prenez mes portes de fer, prenez mon argent, prenez tout ce qui est ici! Mais épargnez-moi, épargnez la vie de mon mari et de mes enfants!

— Madame, *je ne vous demande pas tant d'histoires.* Je vous demande vos portes de fer.

— Prenez-les!

— Merci, madame, et pardonnez-moi si j'ai montré quelque impatience, mais l'artillerie approche.

Histoires de kouliganes. Ces brigands des rues sont plus nombreux que jamais. Se méfier et avoir l'aumône facile. Hier, derrière l'église de Kasan, un kouligane vient à moi et tire, de sous sa peau de mouton, un magnifique couteau de cuisine, dont il me fait admirer et la pointe et le fil. « Il est à vous, dit-il, pour un rouble cinquante! » Je le lui ai acheté tout de suite. Tu parles!...

Il y a des kouliganes galants. L'un d'eux

arrête une jeune fille devant la gare de Tsarskoïé-Selo. La jeune fille, effrayée, lui tend immédiatement son porte-monnaie, dans lequel il y avait deux roubles cinquante. Le kouligane prend tout. « Mon Dieu ! s'écrie la jeune fille, je ne vais plus pouvoir prendre mon train ! — Combien vous faut-il ? demande le kouligane. — Soixante kopecks. — Que ne le disiez-vous ! » Et le bandit, gardant les deux roubles, rend la pièce de cinquante kopecks à la tremblante enfant et y ajoute une pièce de dix kopecks, *de sa poche.*

Enfin, il y a des kouliganes qu'il faudrait inventer s'ils n'existaient pas. Ils sont trop beaux. Sur la Moïka, une dame sort de la Patinoire. L'inévitable kouligane survient : « Donne-moi vingt kopecks ! » Effrayée, la dame ne sait plus comment ouvrir son porte-monnaie. « Plus vite !... » Et, quand il a les vingt kopecks : « Maintenant, embrasse ma main ! », dit-il à la dame.

On ne saurait dire le nombre des arrestations. On ne voit plus d'étudiants. Ils doivent tous être en prison. On arrête les étudiantes aussi, bien entendu. L'une d'elles s'est défendue, hier, contre la police, d'une façon mémorable. Devant le pristaff (commissaire), elle a placé deux bombes dans son corsage. Je vous prie de croire qu'on ne l'a pas bousculée. Et, bien qu'elle fût belle comme le jour, on ne l'a pas caressée non plus. On l'a simplement laissée passer, elle et sa poitrine de bronze.

Janvier 1906

A LA RENCONTRE DE L'ANNÉE

J'aime Pétersbourg-la-Blanche, son hiver glacé, la course légère de ses traîneaux à travers les larges perspectives, l'immensité de son fleuve immobile et la désolation de ses palais. Leurs grandes façades tristes et sans vie, tout encadrées du deuil blanc de l'hiver, semblent pleurer, sous les stalactites de neige durcie, les maux de la patrie. Plus de rites officiels, plus de cérémonies magnifiques. Le Palais-Rouge lui-même, orgueil de la ville et gloire des tsars, est abandonné de son maître depuis que le tonnerre des canons de Vassili-Ostroff lui a envoyé son dangereux salut.

Les temps sont durs et pleins de mystère, et cependant, regardez la vie publique qui passe en ces jours de fête qui ont précédé la nouvelle année ; qu'y a-t-il de changé ? Les réjouissances officielles ont suspendu leur cours ; on ne creuse point le trou sacré où le métropolite allait, pour la bénir, chercher l'eau de la Néva sous son manteau de glace... Mais la vie de chacun est-elle modifiée? Et l'air de tous n'est-il point celui que tout bon Russe doit avoir à l'approche de Noël : un air de fête? Noël sera-t-il moins joyeux?

Peuple étonnant et incomparable! Tant de patience est en lui qu'on dirait de l'insouciance, tant d'impassibilité qu'on dirait du fatalisme. La défaite ne le surprend ni ne le vainc; rien ne l'abat. Il marche vers la joie d'aujourd'hui, sans se soucier des massacres d'hier, sans songer à l'heure des morts de demain.

Je mentirais cependant si je disais que, pendant cette semaine d'oubli, personne ne s'est occupé de politique. Ainsi, les cuisinières du Vieux-Pétersbourg ont eu leur meeting au nez de la police. Et c'est vraiment une histoire à conter. Cette semaine de Noël est toute de repos pour elles. Les victuailles ayant été ac-

commodées à l'avance et la table étant mise
pour huit jours, elles eurent le loisir de songer
à leurs « revendications économiques ». Elles
se réunirent dans un local qui fut immédiatement envahi par la police. Les gardavoïs
n'avaient jamais entendu une pareille musique : « Antéchrists! canailles! mouchards! ex-
communiés! pharaons! fils du diable! » Tout
de même, elles se dispersèrent, car elles avaient
leur idée, une idée qui fut mystérieusement
adoptée à l'unanimité et exécutée sur-le-champ.

Un établissement de bains était voisin. Elles
y pénétrèrent par petits groupes et, moyen-
nant dix kopecks par tête, purent se réunir
dans la vaste salle (*douches, piscine, vapeur*),
toutes nues, comme il sied, naturellement, à
d'honnêtes cuisinières à qui, le manifeste du 30
octobre ne saurait avoir enlevé la liberté de
prendre un bain. S'étant ainsi mises en règle
avec le gouvernement, elles votèrent quelques
résolutions farouches, destinées à faire réflé-
chir les barines. Sur ces entrefaites, le préfet
de police, ayant appris qu'une réunion politique se tenait dans l'établissement de bains,

réexpédia le pristaff et les gardavoïs. Mais que purent-ils dire quand ils se trouvèrent en face de braves et honorables filles, tout occupées, dans le costume d'Eve, à se frotter réciproquement le dos avec des écorces de bouleau!

A Tsarkoïé-Selo, la Noël ne fut pas mélancolique. Tout le mois de décembre, du reste, n'avait été qu'une succession de festins militaires. A tour de rôle, les régiments de la garde étaient invités et tous les officiers déjeunaient à la table de l'empereur. A Noël, les cosaques de la garde eurent, comme de coutume, leur arbre où pendaient mille bibelots, et particulièrement de nombreux porte-cigares pour les officiers.

Au Petit-Palais, il y eut un arbre de Noël pour chaque grand-duc et un pour chaque grande-duchesse. Le tsar et la tsarine s'en offrirent un, mutuellement. Les fêtes se sont passées dans une douce gaieté.

Quand on sort des fêtes de Noël, on entre dans celles du nouvel an. C'est ce qu'on appelle ici : « *Aller à la rencontre de l'année.* » Généralement, on passe sa soirée au théâtre, qui doit fermer ses portes à onze heures et demie, de telle sorte que, pour minuit, chacun soit assis, déjà, à la table du souper et prêt, la coupe à la main, à formuler ses vœux.

J'étais allé au théâtre Michel. On y jouait cette charmante comédie de *Petite Peste,* de Romain Coolus, avec Mlle Starck, qui a trop de talent pour que ça dure... à Saint-Pétersbourg. En attendant qu'elle aille rejoindre Mlle Suzanne Munte (à qui le ministère de la cour réclame 45.000 francs pour être allée à la rencontre de l'année et de la gloire à Paris), je lui dirai quels étaient ces personnages mystérieux qui se trouvaient derrière le rideau baissé de la loge impériale, quand des applaudissements discrets révélèrent que cette loge était habitée. Ce n'était ni l'empereur, ni l'impératrice, non, mais enfin c'étaient *encore* la sœur du tsar, la princesse Olga Alexandrovna, et son mari, le prince d'Oldenbourg, ce qui prouve qu'on va encore au théâtre dans la famille.

Après le théâtre, l'immense salle de l' « Ours ».

Minuit... Au douzième coup, frappé sur un plat d'argent, musique, hymne au tsar. Lumières et fleurs, bijoux, somptuosité des toilettes féminines, épaules nues, poitrines couvertes de décorations, des officiers, des habits noirs, tout le monde debout.

A une table, non loin de moi, un jeune homme, presque un enfant, un étudiant, une douce et bonne figure, avec de bons yeux clairs et des joues roses, rien de l'étudiant révolutionnaire, tout de l'adolescent qui ne demande encore qu'une chose à la vie : vivre! Un jeune homme donc est là qui, après s'être levé au premier hymne, s'être assis, s'être relevé au second, a posé nonchalamment un genou sur sa chaise. Parce qu'il a fait ce mouvement du genou, *il va mourir!*

Un homme en habit noir l'insulte. Il paraît que ce genou posé sur la chaise est un crime. L'enfant répond qu'il va souper d'abord et qu'on arrangera l'affaire après. Et il soupe... son dernier souper.

Champagne, rires, gaieté insouciante des femmes, polichinelles en baudruche qui s'envolent et se promènent dans le plafond, pétards. Tout à coup, cinq coups de pétard un peu plus forts que les autres. Bousculades, cris autour de nous, fuite éperdue de quelques-uns, précipitation des autres pour voir. L'homme en habit noir a tiré cinq coups de revolver sur l'étudiant. Et maintenant, il y a un cadavre entre deux tables.

Voilà. L'homme était sorti, l'étudiant l'avait suivi. Dans le vestibule, l'enfant flanque une paire de gifles formidables à l'homme qui sort son revolver.

— Si tu es assez lâche pour tirer, dit l'enfant, tire!

Et il se retourne. L'autre tire. L'enfant n'a presque rien, un peu de sang à la main, une éraflure.

L'étudiant rentre dans la salle, agitant sa main ensanglantée. Parvenu à la table qu'il occupait, il se disposait à reprendre son repas, interrompu, quand l'homme qui l'avait suivi lui logea une balle dans la tête, puis quatre balles dans le corps, ce qui était parfaitement inutile. On se précipite sur l'assassin, bataille. Les bouteilles de Champagne volent. Une bouteille de Saint-Marceaux que l'on vient de poser sur la table de mes deux voisins disparaît, à leur douloureuse stupéfaction, entre les mains d'un monsieur irrité, à qui ce projectile ne coûtera rien. Des officiers, outrés de ce lâche attentat, dégainent à tout hasard. On tâte sa poche et son revolver. Une femme disparaît sous une table et y trouve déjà son mari. L'assassin a la figure et le plastron de sa chemise en sang. C'est à tout ce rouge qu'il doit son salut. Certains l'ont pris pour l'assassiné. Une bouteille lui avait fendu le cuir chevelu. On l'emmène.

Et puis, tout se calme, même les crises de nerfs de ces dames. On continue de souper. C'est la Russie, ça! On a jeté sur le cadavre du

pauvre petit une nappe. Elle est tout ensanglantée. On apporte de la sciure de bois. Et
puis une autre nappe, en attendant la police
qui viendra dans une heure. Et, cette heure,
ceux de la table d'à côté l'ont passée à boire,
leurs verres posés sur le molleton bleu, puisque leur nappe était sur le cadavre !

Je m'étonnai. On me dit : « A quoi cela ser-
virait-il qu'ils ne bussent point?... *Dalch sossirt
ne pa idiot...* » (On ne va pas plus loin que la
mort.)

Janvier 1906

CHEZ L'AMIRAL DOUBASSOF

Ce matin, il fait un bon froid sec d'une dizaine de degrés. Saint-Pétersbourg est tout encapuchonné de glaces et les isvotchicks, sur leurs petits traîneaux, ont des barbes toutes blanches et dures comme de la barbe de statue. J'ai résolu d'aller surprendre Son Excellence l'amiral Doubassoff, au lit. Projet grandiose, mais dont je ne me dissimule pas toutes les difficultés. D'abord, pour commencer, on ne *surprend* pas l'amiral Doubassoff. L'amiral Doubassoff, c'est le maître terrible de Moscou, et il a beau être à Saint-Pétersbourg, ville que l'on dit de tout repos, la police a deux ou trois raisons pour veiller à ce que l'amiral Doubassoff n'ait point trop de surprises... Justement, un télégramme d'hier nous rapporte qu'on vient de découvrir, à Moscou, un petit complot destiné à surprendre Son Excellence à son retour dans la vieille capitale... Je vais trouver, là-bas, toute la police, mais l'amiral Doubassoff me fera certainement répondre qu'il ne tient pas, pour le moment, à élargir le cercle de ses relations.

Enfin, tentons l'aventure. Comme une flèche, le traîneau glisse aux rives de la Moïka.

Au bout de la Serguievskaïa, une grande bâtisse claire, modern-style; double porte vitrée, vestibule vert d'eau, escalier de marbre sans rampe. Vaste cheminée où flambent quelques bûches. Je me dirige vers les bûches. Un schwitzar, d'allure militaire, la poitrine ornée de la croix de Saint-Georges, interrompt ma course vers la douce chaleur du foyer. Ce que je veux? L'amiral Doubassoff. L'autre ne bronche pas, me demande ma carte, me débarrasse de mes pelleteries et de mes galoches, et disparaît dans l'escalier de marbre, me laissant à la garde de deux muets qui, certes, ne sont point aveugles. Ces hommes, vêtus d'un pardessus noir et d'une toque garnie de faux astrakan, me regardent par devant, par derrière; je sens leurs yeux jusque dans mes poches. L'un d'eux sort, va interviewer mon isvotchick, rentre et constate, non sans une anxiété évidente, que j'allume... une cigarette. Le schwitzar descend; derrière lui, un colonel en petite tenue, qui me dévisage, dit un mot aux muets et remonte. Le schwitzar me dit que si j'ai quelque chose de la plus haute importance à confier à Son Excellence celle-ci me recevra... dans deux heures. Je prends rendez-vous pour onze heures, car ce que j'ai à dire à l'amiral ne souffre pas de retard, et je remonte dans mon traîneau... Je crois bien, cette fois, que je suis suivi... Au moment où je quittai la maison, mon attention était tout entière à deux nouveaux pardessus noirs et deux toques garnies de faux astrakan... Ces quatre muets se ressemblent comme des frères. On les reconnaît à leur uniforme et à leur silence. Ils ne disent jamais rien, de peur de laisser échapper leur mystère; mais ils portent sur le dos une pancarte sur laquelle le « grand maître » a écrit : *police secrète,* pour qu'ils ne se perdent pas.

On les rencontre partout et ils ne sont pas

déplaisants. Ils ne sont dangereux que pour ceux qui les emploient.

Onze heures. Je suis attendu... par un gendarme qui me redemande ma carte et me fixe dans les yeux, comme s'il voulait m'hypnotiser... Il me demande si je suis « bien Gaston Leroux ». Je lui réponds qu'il n'y a pas d' « imitation »... Nous grimpons deux étages. Un colonel que je salue, qui me salue, qui me prie d'entrer dans le vestibule. Là, une dame que l'on ne me présente pas et devant laquelle je m'incline vaguement. Cette dame a l'air chez elle et m'examine de côté. Elle tourne littéralement autour de moi. Elle a des cheveux grisonnants, des yeux d'acier, un front d'homme. Elle est vêtue de noir; sa physionomie respire l'intelligence et l'énergie; ses gestes trahissent l'inquiétude. Elle veille...

Et, tout le temps que j'ai été dans cette maison, *elle était là, même quand je ne la voyais pas.*

Je l'ai admirée, non point seulement de veiller sur son mari « après » mais encore d'avoir accepté la perspective d'une pareille existence « avant ». On peut émettre des jugements terribles sur la besogne accomplie par cet homme, mais cette femme est courageuse.

Du vestibule, on me fait entrer dans un bureau où je me trouve en face d'un des premiers personnages de la police. Conversation en français, à laquelle assiste le colonel qui ne me lâche pas et qui ne comprend que le russe. La porte s'ouvre. Mme Doubassoff fait signe que l'on me laisse passer. Un petit salon. Un policier sur un canapé. Mme Doubassoff dit : « Laissez pénétrer dans le grand salon. On peut. » Me voici seul dans une pièce. Je vais à la fenêtre. On aperçoit de là, distinctement, la coupole du palais de la Tauride, où devra se réunir la future Douma. Cette contemplation du palais de l'Assemblée nationale russe, du haut des fenêtres de l'amiral Doubassoff, est productrice de mélancolie. La Douma?... A quand?... Et à combien?...

Je suis entre deux portes qu'on a laissées ouvertes. Je sais qu'on me regarde dans le dos et

j'aperçois en face, dans l'autre pièce, deux officiers. La porte s'ouvre tout à fait. C'est l'amiral Doubassoff.

Sec, taille moyenne mais longue, figure longue, sang à fleur de peau; tout l'aspect est
mince, mais l'allure n'est point tranchante;
yeux gris bleu, pas du tout féroces. J'oserai
même dire que la physionomie est sans expression, autre, que celle d'une intelligence évidente. Moustache et cheveux blancs, nez fin, menton quelconque. La science physiognomonique
s'y perdrait. Voilà l'homme. Voilà la Terreur
de Moscou...

Il est en petite tenue d'amiral, avec rubans
de Saint-Georges et Saint-Vladimir au cou.

Il me serre la main.

— Vous avez demandé à me voir, me voilà,
mais je suis ennemi de toute interview.

— Evidemment, Excellence. Il y a longtemps
que j'ai renoncé à interviewer les hommes de
gouvernement en Russie. C'est le règne du silence officiel. Ça se comprend et je n'insiste
jamais. Ils n'ont rien, sans doute, de bon à me
dire, sans quoi leur première parole, quand je

les aborde, ne serait point pour me recommander de ne pas la publier.

L'amiral semble frappé de la logique sans mesure de mon argument et me demande :

— Mais que voulez-vous que je vous dise?

— Dites-moi, Excellence, que l'ordre règne à Moscou; ça ne peut compromettre personne.

L'amiral :

— L'ordre règne et l'ordre régnera!... Je ne redoute aucun nouveau mouvement insurrectionnel. Toutes les mesures du gouvernement sont prises.

— Pourriez-vous m'expliquer, Excellence, comment le gouvernement, qui est si sûr de lui pour l'avenir, a été aussi *ignorant* dans le passé? Il a été sans doute mal renseigné par sa police? Vous n'étiez donc prévenu de rien que l'émeute a pu éclater avec cette force et, j'ose dire, cette tranquillité?

L'amiral réplique :

— La police savait et le gouvernement aussi.

— Alors, que penser?

Son Excellence, embarrassée, se frotte doucement les mains, et le regard de ses yeux gris bleu erre au plafond.

Sur quoi, après une hésitation, M. l'amiral Doubassoff prononce textuellement ces quatre mots :

— *On a laissé faire...*

A ce moment précis, je sens que la porte qui est derrière moi s'ouvre ; la dame aux cheveux grisonnants et au front d'homme apparaît :

— Mon ami, je venais vous dire que Wassili Ivanovitch est arrivé. Vous savez que votre temps est précieux.

Compris. Je ne veux pas faire attendre Wassili Ivanovitch. Je salue. Qu'aurais-je demandé de plus ?

Son Excellence parle peu, mais elle parle bien.

Février 1906

JACQUERIE MODERNE

J'ai parlé longuement, au cours de ces correspondances, de l'administration en haut, du Tiers-Etat au milieu. Restent les paysans, en bas.

Une des raisons qui font que, chez nous, certains estiment que la Russie n'est point préparée à une libre représentation nationale, est bien cet état lamentable dans lequel un gouvernement a entretenu l'homme de la terre. On a établi la statistique des illettrés dans ce pays; il y en aurait 80 %. Tout de même, si nous constatons que l'immense majorité des paysans russes ne savent pas lire, il serait tout à fait injuste de ne point leur reconnaître un bon sens naïf et une extraordinaire et terrible logique dans un raisonnement qui ne s'embarrasse guère de préjugés. Il n'est point de paysans, au monde, qui aient plus le sentiment de leur droit à la terre qu'ils travaillent. Ils en ont, en quelque sorte, l'instinct animal. C'est tout ce qui leur reste, tout ce qu'on leur a laissé. Accordons que, dans cet état, l'indifférence calculée de l'administration et l'alcool les rabaissent souvent au niveau de la brute. Quelle conclusion en tirerez-vous? Qu'il faut relever le paysan? Alors, la révolution politique s'impose, car ce n'est point le gouvernement autocratique qui tirera le paysan russe de ce croupissement. L'autocratie a épuisé toutes ses forces à l'y maintenir. Il n'y a d'espoir pour ce quatrième Etat que dans l'avènement du Tiers.

Une objection, néanmoins, semble subsister. Que peut faire le Tiers avec cette masse formidable de la misère paysanne qui le débordera? Cet angoissant problème, si loin d'être résolu, ne saurait arrêter la marche fatale des événements. Il serait même d'une philosophie prudente de croire qu'il les précipitera. L'histoire se répète.

Certes, le jeu est mauvais des parallèles et des comparaisons en cette matière. La société russe a passé par des sentiers inconnus à la société française, depuis le treizième siècle, c'est-à-dire, depuis l'envahissement mongol qui est venu arrêter, à Kieff, le développement normal de l'état européen chez les Slaves et y apporter le triomphe de l'Asie. Cependant, dans le cas qui nous occupe, puisque l'argument vient de chez nous, je ne vois pas, pourquoi, nous ne parlerions point du paysan de chez nous, à la veille de la Révolution. Il n'avait pas beaucoup changé depuis La Bruyère.

Dupin (aîné) ne parle d'un voyage qu'il a fait dans la province, que pour nous raconter qu'il a traversé « un vrai pays de loups » et que rien ne saurait donner une idée de la « sauvagerie des habitants ». Serfs ou libres, les paysans vivent dans un état de misère terrible. Lisez la correspondance des intendants. Jusque dans la féconde Normandie, « presque tous les habitants, sans en excepter les fermiers et les propriétaires, mangent du pain d'orge et boivent de l'eau, vivent comme les plus malheureux des hommes, afin de subvenir au payement des impôts dont ils sont surchargés ». A Troyes, « bien des malheureux mangent du pain d'avoine, d'autres de son mouillé, ce qui a causé la mort de plusieurs enfants ». Les paysans des montagnes vivaient la moitié de l'année avec des châtaignes. Les maisons des villages étaient souvent bâties sur quatre fourches. Pour vêtements, les malheureux avaient des haillons; ni bas, ni souliers, ni sabots... Enfin, la famine, la déprédation, etc... Relisez donc les *Origines de la France contemporaine* et faites un calcul de pourcentage; vous ne trouverez pas une grosse différence...

Sur 26 millions d'habitants que possédait la France, la population concentrée dans les villes et les gros bourgs se dénombrait par 8 millions. Le reste appartenait à la misère des campagnes. Remarquez que l'agriculteur, chez nous, à ce moment, s'il faut en croire Arthur Young, « en était encore au dixième siècle ». Or, il faut que l'on sache en France que ce qui pourra peut-être rendre le problème du changement de régime, relativement au paysan, moins dangereux, ici, encore que chez nous, c'est que le sol russe est, au-dessous du pays des forêts, c'est-à-dire au-dessous de Moscou et au-dessus de Rostoff-sur-le-Don, d'une fécondité actuelle incomparable. J'ai vu cette terre que l'on appelle *la terre noire,* à cause de son prodigieux humus, je l'ai traversée pendant des jours et des nuits, stupéfait de sa richesse *et de son immensité cultivée.* A l'ouest, elle va jusqu'au delà de l'Ukraine; à l'est, elle dépasse l'Oural et le Caucase. Cette terre, vaste comme l'Autriche-Hongrie, est d'une fertilité inépuisable et n'a jamais connu l'engrais. C'est là, qu'Hérodote plaçait ses Scythes laboureurs et c'est de là qu'Athènes tirait ses provisions de céréales. Cette terre pourrait nourrir l'Europe, et la Russie meurt de faim autour. Pourquoi? Ah! pourquoi? Par quel miracle une administration, si mauvaise soit-elle, peut-elle vous faire mourir de faim avec une terre comme celle-là?

Ce serait perdre une encre inutile que d'énumérer les causes accumulées, depuis des siècles, de cette misère du paysan en face de cette richesse non seulement possible, mais certaine du pays. Elles sont connues et depuis longtemps sans excuse. Il faut tout reporter sur une administration qui n'a su organiser que la famine... comme il advint chez nous à la veille de 1789.

Le jour où un régime de contrôle et de responsabilité aura pris la place de l'arbitraire bureaucratique, l'univers se réveillera étonné et émerveillé de la découverte de ce nouveau monde, de cette Russie dont on s'attarde à ne connaître que les forêts de la Sousdalie, que les bouleaux blancs et les pins noirs qui vont de Saint-Pétersbourg à Moscou...

Toutes les conversations roulent aujourd'hui sur la publication du compte rendu de la réception, le 5 janvier, du groupe de l'Union du peuple russe par l'empereur.

Pour vous donner une idée de l'audience, je ne saurais mieux faire que de vous citer quelques phrases de cet auguste entretien. D'abord, les délégués tutoient le tsar, selon la coutume des sujets fidèles de l'antique Russie : « Grand autocrate, disent-ils, permets à ton humble serviteur de se prosterner devant toi, de frapper la terre de son front et de te dire que notre union se compose d'hommes qui sont décidés à défendre la foi orthodoxe et le tsar autocrate. »

A quoi le tsar a répondu :

« Je porterai seul le fardeau du pouvoir qui me fut imposé au Kremlin, et j'ai la conviction que le peuple russe m'aidera. Je rendrai compte à Dieu de mon pouvoir. Remerciez tous ceux qui se sont associés à votre ligue.

Très prochainement, le soleil de la vérité brillera sur la Russie, et tous les doutes se dissiperont. »

« Quant aux juifs, a dit encore le délégué, nous les repoussons, car nous sommes fermement persuadés que les troubles, en Russie, sont l'œuvre de leurs mains.

Ordonne, pour que le pays soit sauvé, de ne donner aucun droit aux juifs. »

Et le tsar a répondu : « J'y songerai. »

Je vous ai dit, à plusieurs reprises, dans quelle situation exceptionnelle se trouvait, à la veille des élections, le parti constitutionnel démocrate; ce parti représenterait en France

l'élément modéré ; en Russie, il établit la transition politique entre le parti constitutionnel
du 30 octobre et les autres groupes plus avancés. Il représente, en somme, l'immense majorité des citoyens russes qui veulent des
réformes sincères et qui sont ennemis de
l'autocratie en haut et du désordre en bas.

On peut dire que ce parti est littéralement
traqué, on le redoute parce qu'il se présente
aux élections sous la forme la plus raisonnable
de l'espoir russe. Je vous ai raconté, qu'en province, il suffisait que l'on soupçonnât un homme
politique de vouloir se présenter aux élections
avec ce programme pour qu'il fût arrêté et,
même à Saint-Pétersbourg, toute réunion de
ce parti est interdite ; aussi, les constitutionnels démocrates, résolus à ne point subir plus
longtemps pareille tyrannie, ont-ils envoyé
une députation, aujourd'hui, auprès du ministre Dournovo. Elle n'a d'ailleurs pas été reçue,
le ministre ayant fait répondre qu'il venait
de partir pour Tsarkoïé-Selo.

Je vous télégraphiais, dernièrement, que le
tsar avait fait venir le comte Witte à

Tsarskoïé-Selo et avait insisté auprès de lui pour qu'il précipitât les élections et qu'il réalisât le plus rapidement possible le projet de Constitution. Malgré les objections de procédure mises en avant par M. Witte, le tsar exigea que le gouvernement mît tout en œuvre pour accomplir sa volonté.

Les nouvelles qui me parviennent, aujourd'hui, du palais Alexandria, à Tsarskoïé-Selo, corroborent absolument ces renseignements. La hâte de l'empereur s'explique, du reste, comme je vous le disais, par la persuasion où il est que la future Douma sera réactionnaire et qu'il est nécessaire, en outre, de prouver aux puissances étrangères, auxquelles il va être fait un appel financier, que le gouvernement russe veut sincèrement marcher dans la voie de la Constitution. A Tsarskoïé-Selo, on affirme donc que les modifications aux lois fondamentales de l'empire, promises depuis si longtemps, sont déjà imprimées.

D'après ce projet, sous presse, le gouvernement aurait fait définitivement son deuil de la conception du pouvoir sans limites du souverain. C'est ainsi que le premier article du code russe, qui consacre l'autocratie, en fait, sera aboli. Néanmoins, si la chose doit disparaître, le mot continuera à exister et l'empereur de toutes les Russies s'appellera toujours « autocrate ». Oui, l'empereur ne désire qu'une chose : c'est de continuer à s'appeler « autocrate ». Il tient au mot. Peut-être espère-t-il, grâce au mot, reconquérir la chose. C'est difficile, tout de même. On expliquera, paraît-il, cette anomalie en indiquant que le mot « autocrate » n'est conservé, là, que vis-à-vis de l'étranger, pour attester que le tsar n'est tributaire de personne.

Après tant de tâtonnements, le gouvernement aurait fixé la date de la réunion de la Douma au 18 avril russe (1ᵉʳ mai français). C'est à cette date que seraient publiés tous les projets et lois relatifs aux libertés promises par le manifeste du 30 octobre. Le gouvernement aurait, enfin, compris qu'il ne pouvait, plus longtemps, renvoyer l'événement politique le plus important qui se soit passé en Russie depuis des siècles.

La question budgétaire se présente, à cette heure, avec des difficultés si aiguës, qu'il faut la résoudre le plus rapidement possible, au moins pour le moment, et, comme cette solution n'est abordable qu'avec la bonne volonté de l'étranger, le gouvernement est dans la nécessité immédiate de prouver sa bonne foi constitutionnelle. Les partis libéraux, très renseignés à cet égard, savaient que le gouvernement se trouverait acculé à cette concession suprême de la Douma, à cause même de son besoin d'argent.

Ainsi s'explique la patience avec laquelle ils ont assistés à cette période de réaction à outrance, d'arbitraire, d'emprisonnements et de massacres. L'heure semble venue où le tiers-Etat va pouvoir, au moins, essayer de manifester son existence. Dans quelques semaines, il ne va plus s'agir que d'élections. La lutte sera rude. Le gouvernement use de toutes ses armes. Il peut, quand il lui plaît, fermer les usines, s'il craint le vote des ouvriers. Il peut jeter en prison, dès maintenant, tout candidat éventuel dont il redoute l'élection, et en province, on ne se gêne pas.

Dans ces conditions, il est à craindre que la future Douma ne soit point la réalisation sincère de l'espoir russe; mais il faut bien commencer par quelque chose, et les minorités sont souvent animées d'une force morale telle qu'elles ont raison du nombre.

Je vous ai parlé des juifs et du congrès général qui va se tenir ici. Devant l'indifférence des autres partis, en ce qui concerne leurs revendications, ils avaient agité la question de savoir s'ils ne devaient pas travailler uniquement pour eux-mêmes, en dehors de tout le monde. Mais tous les juifs de la région du nord-ouest ont décidé de se rallier au parti constitutionnel démocratique.

Janvier 1906

LE SUPPLICE D'UNE NIHILISTE RUSSE

Ceux qui s'intéressent aux choses de Russie se demandent, avec anxiété, si Marie Spiridovna, qui a été condamnée à mort, va être exécutée. Cette jeune et belle étudiante est aussi célèbre par les outrages que lui a fait subir la police russe, que par la mort tragique de Loujenovsky, gouverneur de Tamboff, qu'elle assassina. Cette page de la révolution russe, qui débute par le geste sanglant de la jeune fille et qui se termine sur cette condamnation à mort, il faut la lire. Elle est d'autant plus suggestive qu'elle a été écrite par Marie Spiridovna, elle-même, à ses camarades révolutionnaires.

« Chers camarades! C'est pour la dernière fois que Loujenowsky voyageait sur cette ligne de chemin de fer. Il partit de Borissoglebsk en express. C'est précisément, alors, qu'il était nécessaire de le tuer. Je suis restée 24 heures à

cette station, de même qu'à une autre, et deux
jours à une troisième. Le matin, voyant que
des cosaques attendaient l'arrivée du train, je
conclus que Loujenowsky allait arriver; habil-
lée en écolière, rose, gaie et câline, je n'éveillai
aucun soupçon. Mais il ne sortit pas sur le
quai. Je monte en wagon, et, de la porte du wagon, à une distance de 12 ou 13 pieds, je vise
Loujenowsky, qui passe entouré d'une épaisse
chaîne de cosaques. Comme j'étais très calme,
je ne craignais pas de le manquer, bien qu'il
fallût viser par-dessus l'épaule d'un cosaque.
Je tirais autant de coup que je pouvais. Après
le premier coup de feu, Loujenowsky s'accrou-
pit, porta les mains à son ventre et voulut
s'élancer en s'éloignant de moi, sur le quai. A
ce moment, je descendis en courant les marches du wagon, et vite, coup sur coup, j'envoyai
encore trois balles. En tout, selon le témoigna-
ge de Bogoroditzky, il reçut cinq blessures,
deux au ventre, deux à la poitrine et une à la
main.

« Alors, l'escorte stupéfaite revint à elle;
tout le quai s'emplit de cosaques, on entendit

crier, huer. Les sabres sortent des fourreaux. Voyant briller l'acier des sabres, je conclus que c'était ma fin et je décidai qu'ils ne me prendraient pas vivante. J'appuyai donc mon revolver à ma tempe ; mais, sans avoir eu le temps de faire feu, je tombai, assommée de coups.

On me traîne par un pied en bas de l'escalier. Ma tête se cognait aux marches ; on me jette dans un fiacre en me saisissant par les cheveux.

« Au bureau de police, on me déshabille, on me fouille, on m'enferme dans une chambre froide, à plancher de pierre, humide et sale. Je m'évanouis.

« Reprenant connaissance, je dis mon nom, je dis que j'appartenais aux socialistes révolutionnaires, et que je ne ferais ma déposition que devant le juge d'instruction ; l'adjoint du procureur Hameneff et d'autres gendarmes pouvaient établir que je venais de Tamboff. Ceci les irrita horriblement ; ils arrachaient mes cheveux et demandaient où étaient les autres révolutionnaires. Ils écrasaient des cigarettes brûlantes sur mon corps et disaient :

« Crie donc, canaille ! » Pour me faire crier, ils écrasaient mes pieds « délicats », comme ils disaient, avec leurs bottes, comme dans un étau, et grondaient : « Crie ! Nous faisons hurler des villages entiers comme des vaches, et cette petite fille n'a poussé un seul cri, ni à la gare, ni ici ! Non, tu crieras, nous nous amuserons de tes douleurs, *nous te donnerons aux cosaques pour la nuit...* » — « *Non,* dit Abramoff, *d'abord nous, et puis les cosaques...* » Et une étreinte brutale était suivie de cet ordre : « Crie ! » Pas une fois, pendant la torture à la gare et ensuite à la police, je n'ai crié.

« On me conduisit en express à Tamboff. Le train avance lentement. Il fait froid et sombre. L'air était rempli des injures grossières d'Abramoff. Il m'injurie abominablement. Je sens le souffle de la mort. Les cosaques, même, sont mal à l'aise : « Chantez, mes enfants ! Pourquoi vous taisez-vous ? Chantez, pour que notre joie fasse crever ces canailles ! » On hue, on siffle. Les passions s'allument, les yeux et les dents brillent, la chanson est abominable. Je délire : de l'eau, de l'eau ! Il n'y a pas d'eau.

L'officier m'emmène dans un wagon de deuxième classe. Il est ivre et câlin, ses bras me ser-
rent, me dégrafent, ses lèvres murmurent
abominablement : « Quelle gorge de satin,
quelle chair délicate!... » Les forces me man-
qent pour lutter, pour repousser. La voix me
fait défaut; mais c'est égal, il est inutile de
crier. Je veux me casser le crâne, mais contre
quoi?... De plus, la brute cruelle m'en empêche.
D'un violent coup de botte, il meurtrit mes
jambes serrées, pour les affaiblir; j'appelle
l'officier de police; il dort. L'officier de cosaques, penché sur moi, caresse mon menton et
murmure : « Pourquoi grincez-vous des dents
comme ça? Vous casserez vos petites dents! »

« Je n'ai pas dormi toute la nuit, craignant
une violence définitive. Le jour, il m'offre de
l'eau-de-vie, du chocolat; lorsque tout le monde
est parti, il me caresse. Avant d'arriver à
Tamboff, je m'endors pour une heure. Je me
réveille, parce que la main de l'officier est déjà
sur moi. En me conduisant à la prison, il disait : « Vous voici dans mes bras. » A Tamboff,
je délire et je tombe sérieusement malade.

« Voici ma déposition : 1° Oui, j'ai voulu tuer Loujenowsky, après entente préalable, etc... ; 2° par ordre du comité de Tamboff du parti des socialistes révolutionnaires, pour avoir torturé et fouetté les paysans pendant et après les troubles agraires et politiques, dans les districts où Loujenowsky passait ; pour ses brigandages à Borissoglebsk en qualité de chef de la police secrète ; pour avoir organisé les « bandes noires » à Tamboff ; et enfin, comme réponse à la mise en état de siège de Tamboff et d'autres districts. Le comité de Tamboff, du parti des socialistes révolutionnaires, avait condamné Loujenowsky ; conformément à cet arrêt, et en pleine conscience de ce que je faisais, je me suis chargé de l'exécution de cet arrêt.

« L'instruction est terminée ; je suis encore très souffrante. Si on me tue, je mourrai tranquille, un bon sentiment dans l'âme. — Signé : Spiridovna. »

La condamnation à mort, de Marie Spiridovna, produit une immense sensation dans toute la Russie libérale. On avait espéré que ses juges prendraient en considération l'abominable supplice déjà subi et ne donneraient plus de besogne au bourreau. Des pétitions circulent pour réclamer la grâce de la malheureuse. Wladimiroff adresse un *appel aux femmes de France,* et les supplie d'intervenir et de réunir leurs protestations contre le crime qui se prépare : « Eveillez, dit-il, la juste colère dans le cœur de vos maris, de vos frères, et poussez-les à faire cesser le déluge de sang qui submerge la Russie ! »

Marie Spiridovna sera-t-elle exécutée, et les souffrances passées ne plaideront-elles point pour elle? Pour qui connaît la Russie d'aujourd'hui, les amis de Marie ne doivent guère conserver d'espoir. L'empire des tsars, à aucune époque de son histoire, n'a été aussi cruellement gouverné que sous le règne de M. Witte. C'est le régime de la prison et de la mort. Et nous sommes à l'avant-veille de la Douma !...

Février 1906.

LA NAISSANCE D'UN PARLEMENT

Ce 10 mai n'aura, certes, point vu se réaliser tout entier le rêve de la Russie libérale, mais les mesures prises par le gouvernement de M. Witte faisaient douter, il y a quelques semaines encore, que le palais de la Tauride abritât jamais, même, le simulacre d'une représentation nationale. Or, malgré toute la pression officielle des gouverneurs de province (emprisonnement des candidats, dispersion des électeurs), voici que le parti constitutionnel démocrate triomphe dans les principales villes de l'empire. Il ne fait point de doute que l'élément réactionnaire et rural arrive à la Douma en grande majorité, mais c'est déjà quelque chose pour la Russie libérale, que de savoir, que le parti constitutionnel démocrate n'en sera point submergé. Il y a des minorités auxquelles rien ne résiste. L'histoire de toutes les révolutions et de toutes les évolutions politiques est là pour nous l'apprendre.

Ce 10 mai ouvrira donc, pour la Russie, l'ère de la politique. C'est peut-être le moment de se demander ce que sont, ce que valent, ce que veulent les partis politiques en Russie, quels sont leurs accointances, leurs programmes et leurs chefs. Aussi, je me propose de tracer, ici, un tableau aussi net que possible de ces partis. On en compte pour le moins vingt-deux, s'il faut en croire le *Rouss*. Je commencerai par les absolutistes pour aboutir aux nihilistes, et, si l'on veut suivre à travers tous ces groupements l'idée politique qui les mène, il sera bon d'établir quelques vastes catégories, comme : 1° les absolutistes ; 2° les monarchistes constitutionnels ; 3° les républicains, qui englobent tous les partis qui ne veulent point d'un chef héréditaire.

Les absolutistes (que nous diviserons en droite, centre et gauche) :

Droite absolutiste :

1° Réactionnaires terroristes, qui ont comme moyen d'action les « centaines noires », c'est-à-dire les bandes noires, c'est-à-dire les blouses blanches que le second Empire a connues chez nous. Les réactionnaires terroristes, dans les moments de troubles où l'autorité semble ébranlée, organisent une sorte de sainte alliance « pour la propre défense du peuple » et pour le triomphe, quand même, de la plus traditionnelle autocratie. Leurs meilleurs soldats sont les kouliganes dans les villes et, souvent, les paysans fanatisés dans les campagnes. Les réactionnaires terroristes prêchent à la population, la violence contre les rebelles, qui sont naturellement les membres des zemstvos, les étudiants, les médecins, les intellectuels, les juifs, etc.

Centre absolutiste :

2° Parti de l'Assemblée russe (avec le prince Galitzine ; groupes antisémites ; Alliance des Russes, fondée par le comte Cheremetoff à Moscou ; Ligue des patriotes de Moscou ; Ligue patriotique de Bessarabie ; Société nationaliste de Kieff et d'Odessa ; Assemblée russe à Wilna. C'est l'antique et populaire parti de Minine et de Pojavsky : autocratie de l'empereur, avec une Douma consultative ne pouvant modifier les lois fondamentales, mais élaborant des projets législatifs et surveillant les actes des ministres.

Gauche absolutiste :

3° Les slavophiles (feu Hatkoff, feu Akakoff). La Russie d'avant Pierre le Grand, voilà le programme, qui comporte naturellement la régénération de l'Eglise russe et la réorganisation communale. Marcher contre tout ce qu'a créé Pierre I", qui est allé chercher ses inspirations à l'étranger. L'étranger, voilà l'ennemi. Tsar autocrate, mais réunissant, de temps à autre, les conciles des Etats généraux. Conciles ordinaires, avec droit de pétition unanime. Pas de Douma.

Nous arrivons maintenant aux monarchistes constitutionnels. Si nous avons vu apparaître la Douma avec quelques partis absolutistes, elle n'était là que comme le conseil et le soutien, quand même, de la volonté autocratique. Avec les monarchistes constitutionnels, l'autocratie a vécu.

Droite monarchique constitutionnelle.

4° Alliance de la patrie. C'est la volonté autocratique qui, le 17 octobre, a substitué à l'autocratie le pouvoir constitutionnel. La volonté du tsar doit être sacrée, même quand elle diminue les prérogatives du pouvoir suprême. La tâche de l'Alliance de la patrie est de ne point permettre que le tsar se diminue davantage.

Centre monarchique constitutionnel :

5° Voici le fameux parti de l' « Alliance du 17 octobre » (prince Gondovitch, Goutckoff, Chipoff). Nécessité absolue de la Douma et exécution sincère des promesses du manifeste du 17 octobre. La Douma doit réaliser les réformes politiques, la revision de la loi sur la Douma et la loi électorale, et procéder à l'examen des questions urgentes. La convocation d'une Assemblée constituante n'est pas désirable, car elle amènerait une rupture complète avec le passé, ce qui ne manquerait point de conduire à la révolution.

Gauche monarchique constitutionnelle :

6° Parti constitutionnel démocratique, parti de la liberté du peuple.

C'est ce dernier parti qui a tant fait parler de lui lors des élections et en qui se sont réfugiés toute la confiance et tout l'espoir de la Russie libérale. Placé aux frontières de la gauche monarchique constitutionnelle, il est permis de le classer aussi à la droite républicaine. En tout cas, si l'immense majorité de ses membres admettent encore la nécessité d'un monarque constitutionnel, tout leur programme est républicain.

Le grand parti *constitutionnel démocrate,* qui est à l'heure actuelle, en Russie, le parti de la réforme pratique et nécessaire, n'est point seulement composé de républicains, mais de toute la gauche monarchique constitutionnelle. Nombreux également sont ceux qui, ayant appartenu au parti du 17 octobre et qui, ayant été à même de juger de la vanité des promesses du fameux programme impérial, ont cessé d'être des octobristes pour devenir des constitutionnels démocrates, sans pour cela rejeter la monarchie héréditaire.

Les démocrates constitutionnels estiment qu'un Etat moderne civilisé, examiné au point de vue de sa structure sociale, doit être basé sur la légalité, laquelle ne va point sans Constitution. Ils demandent la démocratisation du régime par la représentation du peuple, avec suffrage universel, égal et direct. La Constitution devra garantir tous les droits de l'homme et du citoyen.

Si la fraction de droite de ce parti (grande majorité) s'est prononcée pour la monarchie constitutionnelle, la gauche reconnaît désirable le régime républicain; la droite s'est déclarée pour le système à deux Chambres; la gauche ne voudrait qu'une seule Chambre. L'administration locale serait réglée par des assemblées locales se gouvernant elles-mêmes. La gauche travaille pour l'avènement d'une Assemblée constituante. Le programme agraire du parti comporte la distribution des terres aux paysans, aux dépens des terres de l'Etat, de la commune, des couvents, et par le moyen de l'expropriation des terres privées, avec indemnité. Organisation de la transmigration, de l'arpentage, amélioration des fermages en garantissant les droits de renouvellement. Etablissement d'une inspection agricole. Au point de vue ouvrier, journée de huit heures : protection du travail des femmes et des enfants. Inspection du travail, avec participation des délégués ouvriers. Chambres d'arbitrage, avec nombre égal de représentants du travail et du capital. Assurance par l'Etat. Responsabilité judiciaire pour violation des lois protégeant le travail. Questions économiques : abolition des dépenses improductives, diminution des impôts indirects, impôt progressif sur l'héritage, diminution des droits de douane.

Ce parti, qui porte en lui tout l'avenir de la Russie, est le parti de la liberté et de la délivrance du peuple. Il a, à sa tête, des hommes de premier ordre, comme Roditcheff, Fedoroff, Milioukoff, Hessen, Careeff, Nahokoff, etc. C'est le parti le plus redoutable pour un gouvernement qui serait disposé à ne point réaliser les réformes promises ou à tromper l'attente du peuple russe. Il est le plus redoutable, parce qu'il est impossible, à l'heure actuelle, qu'un gouvernement vive sans lui, en dehors de lui, contre lui. Il est la force intelligente et *économique* de la nation. Il est le Tiers-Etat.

Nous arrivons ensuite au *parti radical et radical-socialiste,* avec M. Bargouliès. La Russie étant un pays sans véritable aristocratie et sans bourgeoisie puissante d'une part, peuplée, d'autre part, de races différentes, doit se garder d'un programme centralisateur, impossible à réaliser en fait. Régime fédéral démocratique républicain, strictement parlementaire. Système de Chambre unique, mais avec fédération d'unités territoriales autonomes. Etats-Unis de Russie. Réalisation du referendum. Assemblée constituante à convoquer sans retard. Droits politiques pour la femme. Question agraire : formation d'un fonds de terres au moyen de l'expropriation des terres de l'Etat, de la commune, des couvents, *sans aucune indemnité,* et des terres privées, avec indemnité minime.

Le *parti ouvrier indépendant* (Gapon, Ouchakoff). Programme des socialistes chrétiens. S'écarte de la violence du parti socialiste, prêche la patience, le travail, la délivrance politique et économique de l'ouvrier par l'instruction du peuple. Etablissement d'un régime de légalité par une Constituante. Le parti accepte la monarchie constitutionnelle.

Parti des *socialistes révolutionnaires* (Gorki, Minski). La lutte des exploités dirigée contre l'exploitation bourgeoise. Ainsi le *Rouss* définit-il, en une phrase, le programme du parti de Gorki. Devise : « Tu obtiendras ton droit en luttant. » Expropriation de la propriété capitaliste et réorganisation de toute la société sur des principes socialistes. Chambre unique. Responsabilité du pouvoir exécutif.

Réalisation des institutions populaires par le referendum. Démocratisation complète.

Parti des *ouvriers socialistes démocrates* (Kroustaloff). La socialisation de la terre, préparée par les socialistes révolutionnaires, est irréalisable, selon l'avis des socialistes démocrates, si l'économie capitaliste est conservée. Il faut donc la faire disparaître entièrement. La question agraire en Russie peut être résolue parfaitement, selon le plan de Marx et de Kautsky.

Les *tolstoïstes* (direction non organisée). L'Etat étant fondé sur la violence est inutile, nuisible et immoral. Le gouvernement représentatif, de même que tout autre, est une des formes de la violence organisée et par conséquent nuisible. Dieu a donné aux hommes la liberté; le gouvernement ne saurait donc ni la leur prendre, ni l'élargir. La terre doit être d'un usage public, comme l'eau et l'air. Doctrine philosophique : la nature humaine est parfaite, mais toutes les inventions nuisibles et inutiles des hommes — l'Etat, les tribunaux, les armées, le produit de la science industrielle, le luxe; bref, la civilisation actuelle — ont déformé la nature divine de l'homme. Il faut donc se rapprocher de la nature et, *sans combattre le mal, mais aussi sans l'aider,* atteindre la paix et la vérité, uniquement par la force de la charité et le perfectionnement moral de soi-même. Résistance passive et évangélique au mal, d'où il résultera nécessairement l'établissement du bien.

Les *anarchistes* partagent, sur l'immoralité de l'organisation des sociétés, la même façon de voir que les tolstoïstes, mais diffèrent de ceux-ci quant à la réalisation de leur idéal. La destruction *violente* de tous les Etats et de toutes les institutions s'impose pour l'édification d'une société toute neuve...

Et ceux-là, je vous le dis, n'espèrent point pouvoir atteindre leur idéal sans l'anéantissement préalable de ce qui existe!!

De l'avis de tous ceux que j'ai consultés, les plus sages et les plus exaltés, la bataille sera

ardente, plus ardente qu'elle n'a été dans aucun pays du monde. C'est que la révolution
russe est double : le Tiers-Etat et le prolétariat arrivent ensemble pour réclamer leurs
droits et pour faire valoir leurs revendications, qui sont souvent en désaccord. Le déchi-
rement sera certain. Faut-il regretter, pour le
peuple russe, qu'il soit ainsi amené à résoudre
d'un seul coup le problème social tout entier?
Beaucoup ne le pensent point.

Quoi qu'il en soit de la gravité des événements actuels, nous n'en sommes encore qu'aux
escarmouches. Il ne faut pas se leurrer, nous
touchons à des drames formidables...

Il serait quelque peu enfantin de prêcher la
sagesse et la modération dans de tels moments.

IL FAUDRA UN TEL ÉLAN POUR ATTEINDRE LE
BUT, QUE CEUX QUI L'AURONT DÉPASSÉ NE SERONT
POINT NÉCESSAIREMENT DES CRIMINELS DEVANT
L'HISTOIRE.

. . . .

.

L'autocratie est morte cet hiver. Certes, sa

grande ombre plane toujours sur la ville, comme l'ombre de Pierre le Grand elle-même; mais ce n'est plus qu'une ombre, vous dis-je, qu'une déjà lointaine image; ce n'est plus qu'un morceau de bronze historique qui se cabre sur un rocher de granit.

10 mai 1906.

DU MÊME AUTEUR

Les Aventures de Joseph Rouletabille, reporter (Série Edit. Pierre Lafitte).

Les Aventures de Chéri-Bibi.

Le Fantôme de l'Opéra.

L'Epouse du Soleil.

Le Fauteuil hanté.

Le Cœur cambriolé.

Balaoo.

Confitou.

Les Ténébreuses.

La Poupée sanglante.

Le Fils de trois Pères.

Mister Flow.

THÉATRE

La Maison des Juges (Odéon 1907).

Le Lys (en collaboration avec Pierre Wolf).

L'Homme qui a vu le Diable.

Le Mystère de la Chambre Jaune.

La Gare Régulatrice (en collaboration avec Yves Mirandes).

Chéri-Bibi (en préparation).

ACHEVÉ D'IMPRIMER
LE 10 AVRIL 1928
PAR LES
ÉTABLISSEMENTS BUSSON
23, RUE TURGOT, PARIS

www.ingramcontent.com/pod-product-compliance
Ingram Content Group UK Ltd.
Pitfield, Milton Keynes, MK11 3LW, UK
UKHW021920070726
13614UKWH00001B/158